地域を基盤とした
ソーシャルワーク

住民主体の総合相談の展開

岩間伸之・野村恭代・山田英孝・切通堅太郎　著

中央法規

はじめに

●本書出版に至る経緯

　本書は，岩間伸之，野村恭代，山田英孝，切通堅太郎の共著である。第1章を野村，切通で担当し，第3章第2節及び第3節を野村，山田で担当した。なお，第3章第2節の7）では，津別町役場の丸尾美佐さんに，コラムでは津別町役場の千葉誠さん，津別町社会福祉協議会の寺尾玲香さんに執筆していただいた。第2章，第3章第1節，第4章は，当初，岩間が2017年に出版する予定であった『地域を基盤としたソーシャルワーク（仮)』の原稿をそのまま用いている。結局，未定稿のままとなっていた地域を基盤としたソーシャルワークの理論書を，地域を基盤としたソーシャルワークを実践理論とする総合相談の取り組みと融合させて出版するかたちとなった。その理由は，岩間の地域を基盤としたソーシャルワークの理論を実践に移したものが，津別町プロジェクト「地域相互支援型自治体推進モデル」における総合相談体制のしくみ作りであり，活動そのものだからである。

　「実践と研究が一体になればここまでできる，ということを実証したい」

　岩間の言葉を受け，私たちはこの3年間，地域での総合相談のしくみ作りに奔走してきた。

　本書は，実践を視野に入れた理論を提示している。研究者はもちろんであるが，公的機関や社会福祉施設，地域福祉活動の主体となる方々にも目を通していただければ幸いである。

●本書の構成

　本書では，まず総合相談の実践理論となる「地域を基盤としたソーシャルワーク」の全体像と本質を明確に示す。次に，地域を基盤としたソーシャルワークの実践概念である「総合相談」について，その概念と活動展開等について整理する。そして，地域を基盤としたソーシャルワークを基礎理論とした，地域相互支援型自治体推進モデル（地域拠点での総合相談活動）を紹介することで，地

域を基盤としたソーシャルワークという「理論」を「実践」に移すこと，さらに，地域を基盤としたソーシャルワーク理論を基調とした「実践」の意味を提示する。最終章では，「実践」を踏まえた上で再度，総合相談という「実践」から地域を基盤としたソーシャルワークの「理論」に戻す作業を試みることにより，地域拠点で総合相談を展開するために必要不可欠なソーシャルワークの価値を提示したい。

　本来であれば，地域を基盤としたソーシャルワークの基礎理論であるジェネラリスト・ソーシャルワークについても詳細に説明を加えるべきところであるが，本書では割愛する。ジェネラリスト・ソーシャルワークについては，これまでの岩間の論文及び著書をご参照いただきたい。

2019 年 11 月　野村恭代

目次

はじめに

第1章
「本人主体」を基軸としたソーシャルワーク理論の構想

第1節 現代ソーシャルワーク実践の隘路 ································ 2
1 「地域相互支援型自治体推進モデル」着想に至る背景 ········· 2
2 人口減少社会の到来 ··· 3
3 "人ありきの福祉"からの脱却 ··· 5

第2節 地域の担い手を主軸とした総合相談拠点の構想 ··········· 6
1 「地域相互支援型自治体推進モデル」の構想 ······················ 6
2 総合相談を展開することの意味
　―個別支援から地域づくりへ― ····································· 8

第2章
地域を基盤としたソーシャルワーク

第1節 「地域を基盤としたソーシャルワーク」の全体像 ········· 14
1 「地域を基盤としたソーシャルワーク」の定義 ·················· 15
2 基礎理論としての「ジェネラリスト・ソーシャルワーク」 ···· 17
3 「地域を基盤としたソーシャルワーク」の理念と特質 ·········· 28
4 「地域を基盤としたソーシャルワーク」の機能 ··················· 33

第2節 「地域を基盤としたソーシャルワーク」の機能 ············ 37
1 広範なニーズへの対応 ·· 37
2 本人の解決力の向上 ··· 42
3 連携と協働 ··· 51
4 個と地域の一体的支援 ·· 64
5 予防的支援 ··· 74
6 支援困難事例への対応 ·· 79
7 権利擁護活動 ·· 85
8 ソーシャルアクション ·· 101

第3章

地域拠点での「総合相談」の展開—理論から実践へ—

第1節 地域における「総合相談」の展開 …… 108

1 地域で展開する「総合相談」の概念 …… 108
2 実践概念としての「総合相談」における「総合」の意味 …… 111
3 理念に基づいた「総合相談」の展開とその課題 …… 112

第2節 地域拠点の開設に向けて …… 116

1 全戸訪問調査による生活課題の把握 …… 116
2 モデル拠点開設のための地域選定 …… 120
3 地域拠点活動の周知 …… 121
4 町の協力を得るために …… 122

第3節 地域拠点での「総合相談」の取り組み …… 125

1 身近な福祉相談所ぽっと …… 125
2 「総合相談」の体制構築における行政の役割 …… 127
3 「総合相談」における専門職の役割 …… 128
4 「総合相談」における地域住民の力 …… 131
5 担い手，行政，専門職の変化
　—プロジェクトから町の取り組みへ— …… 132
6 1つの事例が地域を変える …… 134
7 専門職の立場からの振り返り …… 136
コラム　北海道網走郡津別町の紹介 …… 139

第4章

ソーシャルワークにおける「価値」の位置と全体像

第1節 ソーシャルワーク実践の根拠としての「価値」 …… 146

1 ソーシャルワーク実践の援助特性
　—「価値」が持つ実践上の意味— …… 147
2 ソーシャルワークにおける「価値」の位置
　—知識・技術・価値の三位一体による援助— …… 149
3 ソーシャルワーク研究と「価値」の接点 …… 150
4 価値研究としての支援困難事例へのアプローチ …… 155
5 ソーシャルワークにおける「価値」の全体像
　—中核的価値・派生的価値・根源的価値の位置関係— …… 159

第2節　中核的価値としての「本人主体」と根源的価値 ⋯⋯⋯⋯⋯⋯⋯ 161
　　1　中核的価値としての「本人主体」 ⋯⋯⋯⋯⋯⋯⋯⋯⋯⋯⋯⋯⋯ 161
　　2　ソーシャルワーク実践の根源─3つの根源的価値─ ⋯⋯⋯⋯⋯ 163

おわりに─地域で「総合相談」を展開するために─ ⋯⋯⋯⋯⋯⋯⋯⋯⋯⋯ 170

第 1 章

「本人主体」を基軸とした
ソーシャルワーク理論の構想

第1節

現代ソーシャルワーク実践の隘路

1 「地域相互支援型自治体推進モデル」着想に至る背景

　2008 年のリーマン・ショックに端を発した年末の日比谷公園での「年越し派遣村」あたりからだろうか。日本社会において，「生活困窮」という言葉に大きな関心が寄せられるようになった。それまでも，もちろんホームレス問題などの「貧困」をめぐる課題は 1 つの社会問題となってはいたが，2008 年の世界的な恐慌は，貧困問題が一部の人の問題であるものとの認識から，自分に近い問題として意識されるようになった。それから 10 年あまり経ち，依然として所得の格差は縮まらず，支援を必要とする人たちのニーズは高まり，かつ，複雑化し続けている。

　こうした情勢の背景には，社会経済問題以外にも，相互扶助を包含した地域社会のつながりの瓦解，虐待等を代表とする権利侵害の増加，社会保障システム制度の疲弊等が存在し，生活上の福祉課題は，多様化・深刻化・潜在化している。

　加えてこうした事態は，いわゆる「制度の狭間」を生み出し，現行の福祉制度では対応できない課題が山積みであることが明白となった。具体的には，ゴミ屋敷，長期のひきこもり，複合的課題を持つ家庭，若年性認知症，外国籍住民，大震災の被災者など，支援を必要とする人は大勢存在している。

　制度の狭間にいる人々を対象とした制度が，2015 年度より施行された。「生

活困窮者自立支援制度」である。これは新たな生活課題に対応するために，新しい支援のしくみの構築を目指したものである。本制度により，複雑化する生活課題に対する支援の枠組みが提示され，地域を基盤とした新たな相談支援体制の構築に向けて一歩を踏み出した。

この新たな相談支援のあり方とは，地域に「支え合いのかたち」を創造していくことに他ならない。こうした支え合いのかたちを作り上げていくために，具体的に地域でどのような活動を展開をしてくべきか，その道標が求められている。

2 人口減少社会の到来

人口構造の変化，とりわけ人口減少社会の到来は，生活上の福祉課題の増大に深刻な影響を与える。日本創生会議・人口減少問題検討分科会の発表では，若年層の地方から大都市部への人口流出が止まらないという仮定のもとで算出した結果，2040年には「消滅可能性都市」（20～39歳の女性人口が5割以下に減少する自治体）が896自治体に達するとされている（図1-1）。

人口構造における少子高齢化は，人口減少と相まってより一層深刻な事態が生じることを想定し，その背景要因としての人口流出は，地方自治体それぞれが対策を講じることが不可避であることに加え，わが国全体の産業構造を含めた対策が必要であることを強く示唆するものである。

2040年を待たずしても，地方ではすでに危機に瀕している自治体は少なくない。大都市も含めいずれ日本全体の自治体において人口は減少し，超高齢化することは避けられない。そうしたなかでは，住民の生活課題の解決は，今以上により一層困難になることが想定される。人口減少は全国で同時一律的に進むものではなく，地域によってその速度も形態も異なる。そうであれば，すでに人口減少が進んでいるところでの「新たな相談体制の取り組み」を始めることは，将来の日本全体に役立つ可能性をもつ。

第1章 「本人主体」を基軸としたソーシャルワーク理論の構想　3

図 1-1　全国市区町村別「20〜39歳女性」将来推計（収束なし推計（独自推計））

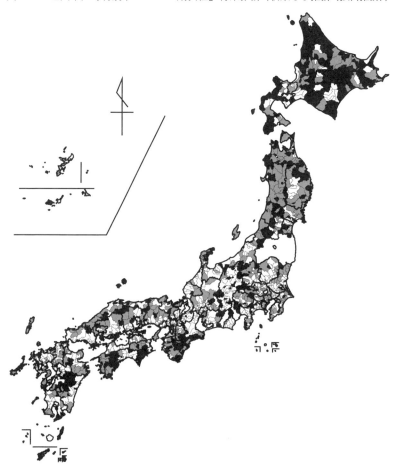

■ 人口移動が収束しない場合において、2040年に若年女性が50%以上減少し、人口が1万人以上の市区町村（373）
■ 人口移動が収束しない場合において、2040年に若年女性が50%以上減少し、人口が1万人未満の市区町村（523）

出典：一般社団法人北海道総合研究調査会作成

3 "人ありきの福祉"からの脱却

　わが国にソーシャルワークの概念が普及して久しい。全国の地域福祉の現場には，ソーシャルワークの素養と実行力を兼ね備えた人材は確かに存在しており，そのような専門職が地域福祉の要となっている事例は多数存在する。しかし，現状の地域福祉は「ソーシャルワークにより成り立っている」というよりも，「人で成り立っている」と言っても過言ではなく，支援の現場では今この瞬間も「キーマン」の存在が求められ続けている。

　結局，意欲と実行力のある人がいることが，住みやすい地域を作るための条件となり，そのような人材がいない地域においては，生活課題を抱える住民は地域から孤立し，社会から分断されていくことが懸念される。人口減少社会，日本全体での生産年齢人口の減少が懸念される昨今を鑑みると，特に地方においては，こうした人材を地域でこれから育成し，確保していくこと自体が困難を極めるだろう。ソーシャルワーカーの存在の有無が，地域での福祉課題を抱える人の孤立や分断に影響を与えてしまうことに，強い危機感を持たざるを得ない。

　本書で取り上げる「地域相互支援型自治体推進モデル」の取り組みは，こうした「人ありき」の支援からの脱却を図ることも狙いの1つとしている。

第1章　「本人主体」を基軸としたソーシャルワーク理論の構想　5

第**2**節

地域の担い手を主軸とした
総合相談拠点の構想

1 「地域相互支援型自治体推進モデル」の構想

　福祉ニーズの増大，福祉人材の不足，人口減少等によって，将来的に深刻な事態が想定され，従前の自助・共助・公助といった枠組みを超えて制度依存からの脱却を図り，さらに住民総出で支え合う地域社会の創出が強く求められる。このような社会的背景は，「地域相互支援型自治体推進モデル」を構築するという着想に大きな影響を与えた。

　図1-2は，地域相互支援型自治体推進モデルの概念を示した図である。このモデルは，地域住民の総力を結集した「支え合い」を基調としながら，日常生活圏域において専門職と地域住民とが協働する総合相談体制（フェーズⅠ）と，それを支える地方自治体の役割を明確にした生活困窮者（社会的孤立者も含む）等への支援のあり方（フェーズⅡ）を提示するものである。

　フェーズⅠでは，中学校区等の日常生活圏域を基本ユニット（地域を基盤としたソーシャルワークの拠点）として，コミュニティソーシャルワーカー等の専門職と地域住民側の中核的担い手が協働して，地域住民の総力を結集した「支え合い」による総合相談体制の構築を図るものである。そこでは，支援機能として①早期発見・早期対応による予防的支援，②支え合い活動による課題解決と見守り，③地域住民と専門職の協働による課題解決等を想定している。

　フェーズⅡでは，総合相談体制を支える地方自治体の役割を明確にした生活

困窮者等への支援のあり方として，具体的には，①行政機構（機能）の統合化，②福祉施策の計画的推進，③地域資源の創出，④市民活動の環境整備等について検討することを想定している。

このモデルの最大の学術的特色としては，これまで蓄積されてきた地域を基盤としたソーシャルワークや総合相談をめぐる理論を援用しながら，地方自治体と共同で「地域相互支援型自治体推進モデル」を構築することにある。この構築で得られる知見は，汎用性の高い新たな地域支援モデルの特質を提示することとなり，生活困窮者支援にとどまらず，社会福祉システムの今後のあり方

図1-2　地域相互支援型自治体推進モデル

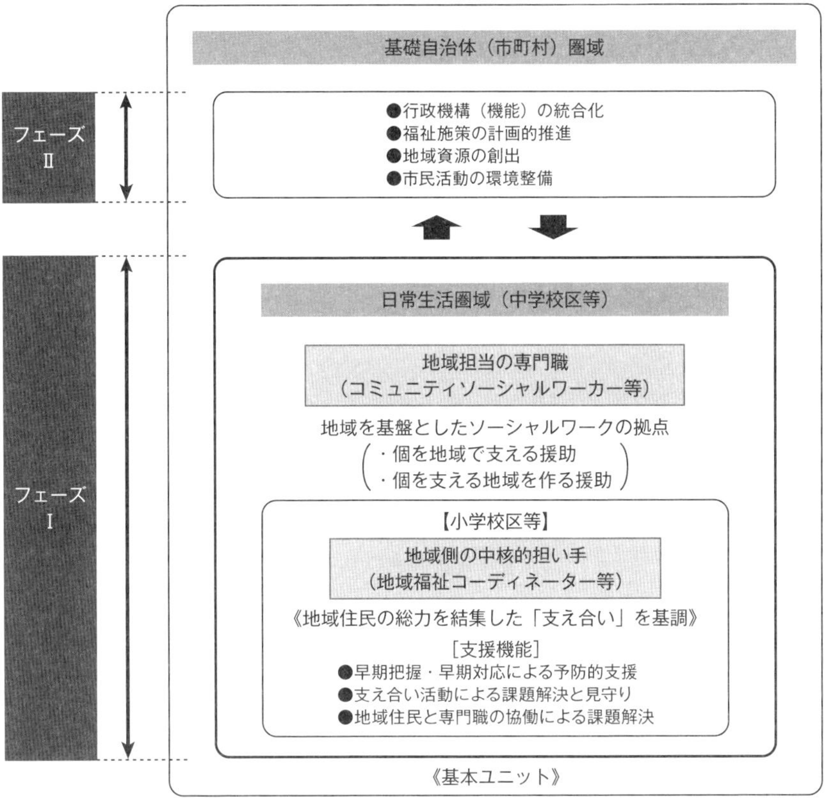

岩間伸之作成

第1章　「本人主体」を基軸としたソーシャルワーク理論の構想　7

に一定の貢献をなすことができると考える。

「地域相互支援型自治体推進モデル」という言葉には，「地域」という曖昧なエリアを指し示す言葉と，「自治体」という法的に明確に位置づけられているエリアとを敢えて混在させている。その意図は，個々の住民が住み続ける「地域」において「相互支援」のしくみを作り上げること，そして，そのモデルは法的に位置づけられている基礎自治体が責任を持って推進していくという意味が込められている。

「地域」のエリアを明確に標準化することは困難であるが，そのエリアの概念を自治体が自ら整理し，住民の福祉を向上していくことは自治体の責務である。つまり，基礎自治体にはそれぞれの市町村の実情に応じ，住民参画による多様な生活課題への対応に向けた道を拓く施策が求められる。前節で触れたとおり，人口構造の変化，人口減少社会に対応するためには，地方自治体の主体的な取り組みは不可避である。そして，国や都道府県レベルでは，各自治体が動きやすい体制を整備する後方支援策を強化することが求められる。

2 総合相談を展開することの意味
―個別支援から地域づくりへ―

「地域相互支援型自治体推進モデル」における個別支援とは，図1-2のフェーズⅠに位置づけられる。多様化する地域生活上のニーズへの対応としての個別支援は，まずはそのニーズを正確に把握すること，そして，そのニーズが多様な担い手によって支えられるしくみを作ることが求められる。前者がいわゆる「入口」の支援，後者が「出口」の支援であり，入口と出口をつなぐ「プロセス」を含めた援助のしくみが求められる。

日常生活圏域内での個別支援による成果や課題を踏まえ，基礎自治体圏域のレベルで地域づくりに取り組むことが，フェーズⅡにおける地域づくりである。つまり，「地域相互支援型自治体推進モデル」におけるフェーズⅡとは，フェーズⅠで展開する「総合相談拠点（地域拠点活動）」において，専門家や地域住民による「援助」や「予防的支援」を支え，発展させるための取り組みである。

例えば，1つの相談拠点で把握された困難事例について，1つの相談拠点だけで解決することは困難な場合も当然あり，そのような場合には，市や町全体で困難事例への対応を検討していくことが求められる。また，1つの相談拠点で把握された課題は，当該地域のみではなく他地域にも共通する課題である場合もあり，そのような課題について共有し，対策を考えていくこともフェーズⅡの取り組みである。

　このように，フェーズⅡは自治体全域で取り組まれるべきものであり，分野横断的，継続的，創造的な取り組み（図1-3）が重要となる。このことは，福祉分野にとどまるものではなく，町全域を対象とした「まちづくりの視点」とも通底するものである。

　フェーズⅡの具体的な取り組みとしては，フェーズⅠで表出した課題について，庁内他部署と共有し，その解決方策を探ることが考えられる。また，場合によっては，自治体内だけでは解決できない課題も表出し，国，都道府県への要望や政策提言を行うことが必要な状況も出てくるものと思われる。そのためにも，自治体内及び日常生活圏域での担い手との継続的な議論が展開されることが期待される。

　なお，フェーズⅡの取り組みは，自治体内の生活環境の向上に向けて取り組まれるものであるが，当該自治体だけの施策で完結するものではない。課題解決に向けた施策を検討・展開するにあたっては，国への提言，政策立案も含めたソーシャルアクションも含む。このことを実現することこそが，人口減少地域の先駆的モデルを作ることになり，地域相互支援型自治体推進モデルの構築

図1-3　フェーズⅡで取り組まれるべき，横断的，継続的，創造的の視点

横断的…生活課題のある住民への支援は，福祉担当部署だけではなく，産業，農業，まちづくり，税務等幅広い部署に関わる話であり，分野横断的に検討が進められることが重要である。
継続的…住民の生活を，住民の力も得ながら支えることは，一過性ではなく継続的に取り組まれてこそ，住民と行政との間に信頼関係が生まれ，住民同士の共助の仕組みが築かれる。
創造的…制度に人を合わせることで「制度の狭間」が生まれる。制度に人を合わせるのではなく，人に制度を合わせる視点が必要であり，ここでは既存の制度の枠組みにとらわれない創造的な取り組みが求められる。

第1章　「本人主体」を基軸としたソーシャルワーク理論の構想　9

につながる。当然ながら，これらの取り組みは一朝一夕に実現することは難しく，少しずつ丁寧に編み上げていくことが求められ，長期的な視野に立った取り組みが必要となる。

入口の設定は出口の設定に密接にかかわる。入口は，プロセスの実践を経て，やがて出口につながることになるからである。ここでの出口とは，個別の支援のみならず，多様な居場所と就労機会の創造といった個と地域の一体的支援の結果として個を支える地域を作る援助，さらに総合相談の着地点として，小地域における「助け合い」のしくみの構築を意図しており，このことはまさに地域づくりとも言い換えることができる。地域を基盤としたソーシャルワークの特質の1つは，「1つの事例が地域を変える」ことである。1つひとつの事例を積み上げていくことが，地域社会のシステムを改編し，構築していくことにつながる。

地域福祉の実践現場において，「地域づくり」が唱えられて久しい。しかし，「連携」という抽象的な表現のもとにその責任主体は曖昧なまま用いられている面もある。先に触れたとおり，地域相互支援型自治体推進モデルにおける地域づくりの責任主体は，人口減少の一途をたどる社会を支えていかなければならない「自治体」にある。その自治体が「覚悟」を持って取り組むことが重要なのである。

地域相互支援型自治体推進モデルの特徴を端的にいえば，それは，事後対応型福祉から事前対応型福祉への転換を目的とすることにある。表出した生活課題への支援を行うことに加え，生活課題が表出する前に，すでにある課題が深刻化する前に予防的な支援を行うところに重要な意味がある。

従前の福祉では，相談者が自身の生活上の困りごとの内容と各種相談窓口の機能を照らし合わせて吟味し，そこに自らが出向く必要があった。しかし，多様化し，複雑化する生活課題に対し，個別の窓口で対応していくことには限界が生じている。また，そのようなニーズに対し，行政の窓口や専門職のみで対応することにも限界があることも事実である。加えて，潜在的な課題へのアプローチ，いわゆるアウトリーチの困難性は，ますます高まっているといえる。

このような情勢のなかで，地域を基盤としたソーシャルワークの理念に基づいた総合相談を展開することは，行政や専門の相談窓口ではなく，住民に身近

な場所で行うことに意味がある。本人の生活の場を拠点とした援助の展開であることから，住民の徒歩圏内に集える場所を設けることにより，地域拠点は，地域における新しい「つながり」の構築と多様な「支え合い」の創造の場となるのである。そしてその活動を支えるのは，専門職のみではなく，地域住民である担い手であることが期待される。

第 2 章

地域を基盤とした
ソーシャルワーク

第 1 節

「地域を基盤としたソーシャルワーク」の全体像

　ソーシャルワークがソーシャルワークである限り，揺らぐことのない，そして変わることのない価値に依拠する一方で，ソーシャルワークは，変わりゆく社会生活上のニーズに対応することが絶えず求められてきた。そのニーズは，その時々の社会状況や人々の価値観の変化から強く影響を受けることになるが，ソーシャルワークがその時代に存立するためには，そこで有効に機能し，社会における存在価値を見出すことが不可避となる。

　わが国のソーシャルワーク実践は大きな転換期を迎えている。それは，分野別，対象者別の実践から脱却し，多様な担い手の参画を得ながら一定の地域（エリア）を基盤とした実践への転換である。それは，「課題別対応による実践」から「地域割による実践」への移行であり，「点（個）」への援助から「点を含めた面（地域）」への援助への転換と説明できる。その特質は，個を地域で支える援助と個を支える地域を作る援助という2つのアプローチを一体的に推進する点にある。本章では，この実践を支える理論として，「地域を基盤としたソーシャルワーク（community-based social work）」をとりあげる。

　そもそも「地域を基盤としないソーシャルワーク」は存在しないはずである。すべての人は地域で生活を営んでいる。このことは，「地域を基盤としたソーシャルワーク」とは，決して新しいソーシャルワーク理論ということではなく，理論上では従来から明確にされ，また重視されながらも，実践上では十分に遂行されてこなかったソーシャルワークの本質的な実践に再度光を当てたものと表現できる。「個と地域の一体的支援」とは，個人と環境の交互作用に働きか

14

けるというソーシャルワークの基本的アプローチに他ならない。

　本節では，地域を基盤としたソーシャルワークの特質と機能について俯瞰的に論考することによって，その全体像と本質を明確にすることを目的とする。まず，「地域を基盤としたソーシャルワーク」の定義について示した上で，地域を基盤としたソーシャルワークの基礎理論として位置づけられる「ジェネラリスト・ソーシャルワーク」を要約的に整理する。その上で，「地域を基盤としたソーシャルワーク」の2つの理念と4つの特質，さらに8つの機能について示すことで地域を基盤としたソーシャルワークの全体像について論じることにする。

1 「地域を基盤としたソーシャルワーク」の定義

　地域を基盤としたソーシャルワークは，「個を地域で支える援助」と「個を支える地域を作る援助」を一体的に推進すること，いわゆる個別支援と地域支援を地続きのものとしてとらえる点に特徴がある。こうした「地域を基盤としたソーシャルワーク」の定義を示すための基本枠組みとして，地域を基盤としたソーシャルワークの理論的な位置を示す3つの概念について整理しておく。地域を基盤としたソーシャルワークの基本的性格に影響を及ぼすことになるその概念とは，「ジェネラリスト・ソーシャルワーク」「地域を基盤としたソーシャルワーク」「総合相談」の3つである。図2-1の地域を基盤としたソーシャルワークの理論的位置では，これらの概念を三層構造として示した。

　本図の右端の矢印は，上部に向かうほど「実践的」，下部に向かうほど「理論的」であることを意味している。上段の「総合相談」は，方法としての「地域を基盤としたソーシャルワーク」を実践に向けて地域で展開するためのしくみを包含した実践概念である。下段の「ジェネラリスト・ソーシャルワーク」は「地域を基盤としたソーシャルワーク」の理論的根拠となる概念であることを示唆している。その位置づけから，本図では，基礎理論である「ジェネラリスト・ソーシャルワーク」から，実践理論である「地域を基盤としたソーシャルワーク」，そして実践概念である「総合相談」へと三層にわたって相互に影響を与え合う

第2章　地域を基盤としたソーシャルワーク　15

図2-1 地域を基盤としたソーシャルワークをめぐる3つの概念

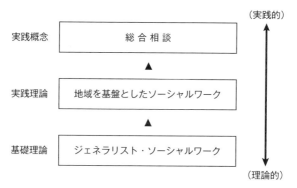

出典：岩間伸之「地域を基盤としたソーシャルワークの特質と機能―個と地域の一体的支援に向けて―」『ソーシャルワーク研究』37-1, 相川書房, 2011年, 7ページ

構造であることを概念的に示したものである。

　実践概念としての「総合相談」とは，前述のように方法としての「地域を基盤としたソーシャルワーク」とそれを地域で展開するためのしくみを包含した概念であり，地域を基盤としたソーシャルワークという「機能」を推進するための「構造」を「総合相談モデル」とするものである。「総合相談」の特質とは，①実践エリアとして小地域を規定し，そこに実践の拠点を有すること，②支援の対象を対象別，課題別，年代別等で限定せず，「生活のしづらさ」を対象とすること，③支援のために地域内外の多様な担い手の参画を可能にすること，という3つの要件を満たすものとして位置づける。なお，実践概念としての「総合相談」に関する詳細は，第3章でとりあげる。

　以上の実践概念としての「総合相談」と基礎理論としての「ジェネラリスト・ソーシャルワーク」の間に位置する「地域を基盤としたソーシャルワーク」を，次のように定義しておきたい。

　　　地域を基盤としたソーシャルワークとは，ジェネラリスト・ソーシャルワークを基礎理論とし，地域で展開する総合相談を実践概念とする，個を地域で支える援助と個を支える地域を作る援助を一体的に推進することを基調とした実践理論の体系である。

2 基礎理論としての「ジェネラリスト・ソーシャルワーク」

　図2-1の三層構造で示したように，ジェネラリスト・ソーシャルワークは，地域を基盤としたソーシャルワークの基礎理論として位置づけられる。ジェネラリスト・ソーシャルワークは，1990年代以降，北米において体系化されたソーシャルワーク理論である。そこでは，ソーシャルワークの統合化を経て，また1980年代のエコロジカル・ソーシャルワークの影響を受けつつ，個人，グループ，地域という対象別の方法ではなく，対象をシステムとして一体的にとらえた方法論として示されている。

　ジェネラリスト・ソーシャルワークは，実践領域や対象に共通する単なる基礎的または入門的な内容を意味するものではなく，統合化以降のソーシャルワークを構成する知識・技術・価値を一体的かつ体系的に構造化したものである。そして，時代背景のなかで埋没しがちであったソーシャルワークが持つ不変の価値を表に引っ張り出し，それを現代の潮流とソーシャルワークの変遷を背景とした新しい枠組みでもって再構成したものといえる。

　かつてのソーシャルワークの主要な3方法であった，ケースワーク，グループワーク，コミュニティオーガニゼーション（コミュニティワーク）が，統合化の過程を経て「ソーシャルワーク」として完全に融合していることは，いうまでもなくジェネラリスト・ソーシャルワークの大きな特質であり，地域を基盤としたソーシャルワークにも大きな影響を与えている。個人，グループ，地域という異なる大きさのシステムへの一体的視点の背景には，システム理論に加え，エコロジカル・パースペクティブやエコシステムという1970年代から1980年代にソーシャルワークに影響を与えてきた基礎概念が深く根づいている。重要なことは，それが理論上やイメージレベルのことではなく，実践面で融合していることである。大きさの異なる各システム（個人，グループ，組織，地域等）に関する特性をおさえた上で，個人と個人をとりまく環境といった複数のシステム間との交互作用を促進させる実践的な視座が打ち出されている。

　以下，ジェネラリスト・ソーシャルワークの特質に関して，①点と面の融合，②システム思考とエコシステム，③本人主体，④ストレングス・パースペクティ

第2章　地域を基盤としたソーシャルワーク　17

表 2-1 ジェネラリスト・ソーシャルワークの 5 つの特質

	特　質	内　容
1	点と面の融合	・システム理論を基礎とした個と地域との一体的な対象把握 ・当事者システムから環境への波及的展開 ・交互作用を促進する媒介機能 ・直接援助と間接援助の一体的アプローチ
2	システム思考とエコシステム	・システム理論に基づく相互作用と交互作用 ・交互作用を活用した専門的介入 ・エコシステムの視座からの対象把握 ・エコシステムとしての「コミュニティ」と「機関」
3	本人主体	・取り組みの主体としてのクライエント本人 ・エンパワメントに向けたストレングスの活用 ・ソーシャルワーク過程へのクライエントの参画 ・クライエント個々の「人間の多様性」の尊重
4	ストレングス・パースペクティブ	・基調としてのポジティブ思考 ・本人と環境に存在するストレングスの活用 ・ストレングスを重視した問題解決過程 ・本人に合致したサポートシステムの形成と活用
5	マルチシステム	・マルチパーソンクライエントシステムとしての対象把握 ・家族とグループ等のストレングスの活用 ・マルチパーソン援助システムによる連携と協働 ・マルチシステムによる多様な援助形態

出典：岩間伸之「地域を基盤としたソーシャルワークの機能―地域包括支援センターにおけるローカルガバナンスへの視角」『地域福祉研究』36-3，公益財団法人日本生命済生会，2008 年，40 ページ

ブ，⑤マルチシステム，の 5 つから指摘し，その基本的視点を提示しておく。表 2-1 では，「ジェネラリスト・ソーシャルワークの 5 つの特質」として，各特質の内容を一覧にして示した。

① 点と面の融合

「個」と「地域」を一体的にとらえて働きかける「点と面の融合」は，ジェネラリスト・ソーシャルワーク全体を性格づける特質である。ジェネラリスト・ソーシャルワークの基調は，ソーシャルワークの統合化以降，さらに進化発展した主要 3 方法の完全融合によるアプローチにある。

ジェネラリスト・ソーシャルワークの成り立ちは，その基本的性格に大きな

影響を与えている。その理論的系譜としては，ソーシャルワークの統合化の延長線上に位置するが，統合化以降のソーシャルワーク理論の動向から強い影響を受けて性格づけられてきた。1970年代の「ジェネラリストアプローチ」は，主要な3方法であるケースワーク，グループワーク，コミュニティオーガニゼーションの共通基盤を明らかにして一体化してとらえようとするソーシャルワークの統合化の到達点として位置づけられる。その背景理論として，システム理論が大きな役割を果たしてきたが，1980年代に入ってからのエコロジカル・ソーシャルワーク（ecological social work）の台頭は，ジェネラリスト・ソーシャルワークの形成に強い影響を与えることになった。

そうした経緯を背景としながら，その後も理論的成熟をみせた「ジェネラリストアプローチ」は，実践面においても具体的な統合の視座をもたらした。個人，小集団，地域をシステムとして一体化する対象把握を基礎として，1970年代以降，エコロジカル・パースペクティブ（ecological perspective）やエコシステム（ecosystem）の考え方は，ジェネラリスト・ソーシャルワークの基礎概念として深く根づいている。

それらを基礎概念として，個人と個人をとりまく環境といった複数のシステム間との交互作用を促進させる実践的な視座がジェネラリスト・ソーシャルワークを特質づけている。たとえば，ジョンソンらは，「影響作用」（influence）という概念を用いながら，双方のシステムの変化の促進とその波及的展開，そしてその際のワーカーの役割を指摘している。その波及的展開の先に，コーズアドボカシーやソーシャルアクションを明確に位置づけ，個人へのアプローチとそれらとが深く関係していることも特質として指摘できる。

さらにジョンソンらは，シュワルツ（Schwartz, William）の考え方を引きながら，ジェネラリスト・ソーシャルワークにおける媒介（mediation）の重要性について言及している。媒介機能は，ジェネラリスト・ソーシャルワークの特性と親和性が高い。それは，次の4点から指摘できる。第1には，ジェネラリスト・ソーシャルワークにおいては，エコシステムの枠組みを基礎に置きながら，ソーシャルワークが取り扱うニーズ（課題）を本人とその環境との不調和から生じるものとみなすことである。そうした認識とワーカーによる媒介機能が，その不調和からくる不全関係にある2つのシステムの間に介入し，両者間の相互作

用を促進することになる。第2には，当事者たちがお互いに向き合うシステム
に対する双方の主体的な働きかけが重視されることである。このことは，ジェ
ネラリスト・ソーシャルワークにおけるニーズ充足の主体が本人にあるという
ことと重なり合うものである。本人たちが主体的にかかわるシステム間の交渉
(相互作用)のなかでニーズや課題にアプローチしていくことになる。第3には，
媒介によって促進された相互作用は，二者間にとどまらず，「影響作用」とし
てエコシステム内に波及的に広がる可能性を内包することである。1つの「媒
介」は，新たなシステム構造の形成に向けた端緒となる。第4には，システム
間の接点に介入する媒介は，分断してとらえられてきた直接援助と間接援助と
を橋渡しすることになる。2つのシステムとの相互作用の促進と交互作用への
「影響作用」というようにとらえた時点で，直接か間接かという見方は意味を
もたなくなる。ジェネラリスト・ソーシャルワークの特質としての「点と面の
融合」は，実践的視座を内包する質的な統合を意味するものである。

② システム思考とエコシステム

「システム思考とエコシステム」もまた，ジェネラリスト・ソーシャルワー
クの特質となる。その成り立ちからも明らかなように，ジェネラリスト・ソー
シャルワークは，システム理論と生態学の考え方から大きな影響を受けている。
人と環境とをシステムとして一体的にとらえ，生態学の考え方を援用しながら
援助の視点と方法を導き出している。

「介入」(intervention)が援助概念としてソーシャルワークの文献に登場し始
めたのは，1960年前後からである。ジョンソンらが介入について「システム
という考え方をもって変化を起こすワーカーの活動である」[1]と指摘している
ように，介入の概念とシステム理論とはきわめて親和性が高い。近年では，広
域的かつ多様な要素を包含した交互作用(transaction)の概念を重視するエコシ
ステムの考え方が強調されるようになっている。交互作用とは，2つの要素間
に生起する複数の相互作用(interaction)から影響を受けた相互作用と説明でき
る。二者関係における相互作用は，ソーシャルワークの基本概念として重要
であるが，実際にはもっと複雑である。なぜなら，「状況のなかの人」はきわ
めて複雑な相互作用の集合から構成されるからである。AB間の相互作用は，
ABC間の三者関係になった時点で交互作用としてとらえられる。つまり，AB

間の関係が BC 間の関係に影響を与えることになる。この交互作用の概念は，ソーシャルワークによる専門的介入の可能性の拡大と戦略の幅をもたらすことになった。

ソーシャルワークにおける「変化を引き起こす介入」とは，本人の置かれた状況をコントロールすることを意図するものではない。本人をめぐる交互作用に介入することで，本人の生活や人生の流れに合わせながらシステム間の関係を発展させ，次の変化を引き起こそうとするものである。そこには，本人自身がその変化を生み出す過程に深く関与するというソーシャルワークの価値が反映されている。

エコシステムの概念は，そのストレス（課題や障害）が決して1つの要素に起因するのではなく，その上位（下位）システムとの交互作用関係のなかで発生しているという見方を強調する。個人や家族といった小さなシステムだけでなく，それらの上位システムである組織や地域との交互作用も同時に意識化しておくことが求められる。こうしたシステム間の交互作用関係の認知と把握は，総体としてのエコシステムという視座を提供することになる。

さらに，「エコシステムとしての環境」もジェネラリスト・ソーシャルワークを構成する重要な概念である。均衡状態にあるエコシステムの交互作用には，相互関係と相互依存が存在し，そこでは生態学でいう「相利共生」という状態がもたらされる。ジェネラリスト・ソーシャルワークにおいて，このエコシステムの観点からとらえた環境としての「コミュニティ」と「機関」は重要な意味を持つ。

エコシステムとしての「コミュニティ」は，そうした特性をもつ社会システムである。コミュニティ内に生起する交互作用は，本人と上位システムとの相互作用と，本人とワーカーとの相互作用に影響を与えている。また，自然発生的援助システムを含めたコミュニティ内の諸資源の開発と発展は，個人の機能強化につながることになる。さらに，人口規模・構成，人種・民族，歴史・文化，自然環境・地形，政治経済のシステム，公共施設といった各要素からの理解は，コミュニティの分析のみならず介入や「影響作用」のあり方を導き出すのに不可欠である。また，コミュニティにおける「人間の多様性」は，その下位システムとして存在するグループ間の相互作用に大きな影響を与える。

第2章　地域を基盤としたソーシャルワーク　21

主流となるグループとのパワー構造は，下位システムの構成員にもその影響が波及する。

「機関」（agency）もまた，ジェネラリスト・ソーシャルワークの重要な環境の1つである。機関はワーカーのエコシステムの1つであり，ワーカーは原則として機関の持つ機能の範囲内で活動することになる。同時に，機関はコミュニティにおけるサービス提供機関としてエコシステムの一部に位置づけられる。また，援助過程が進行していくと，機関は本人のエコシステムの一部ともなる。本人，コミュニティ，機関といった要素を交互作用関係にあるエコシステムとして一体的にとらえることによって，援助の幅や視点は格段に広がることになる。

③ 本人主体

「本人主体」の視座，つまり本人をニーズ充足及び課題解決への取り組みの主体としてとらえるというこの特質は，1990年代以降のソーシャルワークに顕著な傾向としてジェネラリスト・ソーシャルワークに具体的に反映されている。この内容は，課題解決の主体を本人に置くというソーシャルワークが内包する不変の価値への原点回帰ともいえる。これは，ソーシャルワーカーが「専門職として本人の課題をどのように解決するか」という視点から，「本人が自分で課題解決できるようにソーシャルワーカーは何をすべきか」という視点に立ち返ろうとする動きである。ジェネラリスト・ソーシャルワークにおいては，本人主体の援助のあり方が色濃く反映されている。

本人主体の援助において，その出発点である本人へのアプローチはきわめて重要となる。そのための概念として，エンパワメント（empowerment）とストレングス（strengths）が強調される。エンパワメントは，もともとは社会的に抑圧された立場や階層にある人たちに向けた支援の概念であったが，現代ソーシャルワークにおいてはきわめて重要な概念となっている。自らの置かれている状況を自ら打破できるように，本人の力や環境との交渉力，さらには政治的な力の獲得をめざす概念である。

そのエンパワメントの源泉となるのが本人の内発的な力であるが，ソーシャルワーク実践においては，その喚起と向上に向けたアプローチが求められることになる。本人が自分の存在に意味と価値を見出せるように働きかけること，

現実を直視する作業を支えること，変化に向けた最初の一歩を支えることといった取り組みがワーカーに求められる。その際，自分のストレングス，つまりできることや自分の強みを本人が認識し，それを活用することによって，自尊心の低下や罪悪感から脱却し，自分の有用感や肯定感の向上をはかることができる。さらに，エンパワメントの獲得に向けた具体的な取り組みにおいては，利用可能な制度やサービス，地域における自然発生的な支え合いの資源等を，本人が主体的に活用できるようにすることも重要なアプローチとなる。

「本人主体」は，ジェネラリスト・ソーシャルワークの援助過程にも反映される。ソーシャルワークにおける援助過程とは，本人とワーカーとの協働の営みであり，そこでは本人が「参画する過程」という意味合いがきわめて濃くなる。たとえば，アセスメント段階における参画は，その後の過程全体に本人主体の流れをもたらし，そこでは本人によって自分や自分をとりまく環境について明確にすることだけでなく，本人の文脈のなかからの認識や考察を深めてアセスメント過程に反映させることも含んでいる。また，プランニングにおいても本人の参加が重視される。ジョンソンらは，本人がプランニング過程に十分に関与していない場合には，失敗する可能性が高くなると指摘し，その理由として，「本人をエンパワメントする機会や問題解決技術を向上する機会を取り上げることになり，また自己決定の権利を侵害することになるからである」[2]と言及している。

さらに，「人間の多様性」(human diversity)という視座は，ジェネラリスト・ソーシャルワークの特質の1つでもあり，「本人主体」とも深く関係している。「人間の多様性」の背景は，多様な文化から構成されるアメリカ社会の持つ特性に起因するところが大きいが，単なる文化的背景を視野に入れた個別化の重要性だけでなく，ジェネラリスト・ソーシャルワークにおいてはそこに重要な視点を包含する。文化の特質が人間の発達と機能に与える影響への理解と，社会のなかで優勢な位置にある文化に依拠して作られた社会制度が異なる文化集団に対してニーズを生み出すことへの理解である。本人の主体的側面が強調されるジェネラリスト・ソーシャルワークにおいて，対象となる多様な本人と社会（制度）との関係を視野に入れた「人間の多様性」が持つ意味合いは，本人を取り組みの主体と位置づけるための重要な視座となる。

④ ストレングス・パースペクティブ

「ストレングス・パースペクティブ（ストレングス視点）」(strengths perspective)
は，個人，グループ，家族，コミュニティには「できること」と「強み」があ
ること，そして本人をとりまく環境には活用できる多くの資源があるという考
え方を基本としている。これは，現代ソーシャルワークを象徴する視点であり，
ジェネラリスト・ソーシャルワークの特質の1つである。

ジェネラリスト・ソーシャルワークにおいては，肯定的もしくは前向きとい
う意味でのポジティブ思考とその実践が強調されるようになっている。ジョン
ソンらも近年の改版で大きくその筆致を変えている。たとえば，6版から7版
への改版に際して，「問題」(problem) を「ニーズ」(need/needs) に置き換え，
また「問題解決過程」(problem-solving process) から「成長と変化を促進するプ
ロセス」(process of facilitating growth and change) へと前向きな表現に変えている。

そうした潮流にあって，個人だけでなく地域を含めた環境のストレングスの
強調も顕著にみられる動向である。特に，すべての個人，グループ，家族，地
域にはストレングスがあることを強調するサリービー (Saleebey, D.) らによる
ストレングス・パースペクティブは，ジェネラリスト・ソーシャルワークの特
質の形成に影響を与えている。マイナス面の補正や矯正ではなく，環境や社会
資源も含めたプラス面への着目と活用もまた，ジェネラリスト・ソーシャルワー
クを特質づけるものとなっている。

このストレングス・パースペクティブは，問題解決過程と組み合わされるこ
とで，さらにその特質が具体化される。「問題解決過程」は，ソーシャルワー
クのみならず，経済活動や日常生活上においても課題や問題を解決・軽減する
ために活用されている。つまり「科学的な方法」として，必要な情報を集め，
課題を分析し，目標を定めて解決・改善策を計画し，そして実行し，評価する
という様式である。当然，ソーシャルワークも1つの問題解決学である限り，
特定の課題について分析して計画を立て評価するという科学的な方法としての
問題解決過程に強く依拠してきた。

ストレングス・パースペクティブは，そうした問題解決過程のとらえ方に対
して，ソーシャルワークの価値に基づいた援助過程に1つの根拠を与えること
になった。ジョンソンらは，「この視座は，本人のストレングスに基づく問題

解決に焦点を当てたプロセスのなかに本人を巻き込むことによって，伝統的な問題解決過程に再び焦点を当てるものである」[3]と指摘している。強みや強さ，できること，長所に焦点を当てるストレングス・パースペクティブは，短所や限界を探索し，問題や課題を抱える本人に責任を押しつけるというメカニズムを回避し，人と環境の肯定的な面を発見する方へ導くものである。同時に，そのことが，本人の援助過程への主体的な参画を容易にし，またコミュニティにある資源の活用と協働の視点をもたらすことになる。

　ジェネラリスト・ソーシャルワークの実践において，重層的なサポートシステムの形成は，その実践を効果的に展開するために不可欠である。その構成要素には，制度に基づいた専門職によるフォーマルな直接的援助，地域住民や準専門職による組織的な相互支援活動，近隣や親族等による自然発生的援助システム，当事者活動としてのセルフヘルプグループ等が含まれる。ジェネラリスト・ソーシャルワークの視座からは，エコシステム思考に立脚し，とりわけ地域を基盤としたサポートシステムの形成が強調されることになる。本人は一方的に援助を受ける対象ではなく，本人が環境に働きかけ，交渉し，交互作用の促進によって変化や変革をうながすための地域環境の条件整備が現代ソーシャルワークの重要な側面となる。その際，「人間の多様性」が強調されるジェネラリスト・ソーシャルワークにおいては，それぞれの文化特性や地域特性を反映させたシステムづくりが求められる。とりわけ，「援助されること」への文化的差異や自然発生的援助システムのあり方などに対する特性を反映する形でサポートシステムの形成がなされなければならない。このことは，地域自体のストレングスの向上につながることになる。

⑤ マルチシステム

　「マルチシステム」もまた重要な特質である。ここでいう「マルチシステム」とは，援助の対象を「マルチパーソンクライエントシステム」（multiperson client system），つまり複数の人で構成されるシステムとしてとらえ，また援助する側も「マルチパーソン援助システム」（multiperson helping system）としてとらえるということである。このことによって，アプローチの対象や方法が広がることになる。

　ジェネラリスト・ソーシャルワークにおいては，ひとりの本人との一対の

対応だけでなく，家族，グループ，施設，組織，地域など複数の人で構成される「マルチパーソンクライエントシステム」における相互作用を促進することが不可欠となる。

　家族には，これまでもソーシャルワークの実践において高い関心が向けられてきた。家族システムが持つ濃密な交互作用関係は，成長と変化の土壌として，また日常生活の場として人に大きな影響を与えているからである。それだけに家族関係の不全は，あらゆるニーズを生み出す温床となる可能性も持つ。また，育児や介護など家族単位で支え合う機能を社会の側から要請されることも多い。エコシステムとしての家族の位置は，最小の単位である個人や夫婦と社会システムとをつなぐ媒体であるともいえる。家族は，社会システムの1つであるがゆえに，その役割を果たす機能を持つことは重要な指標となる。つまり，職業，親業，育児，介護等によって成長とケアのシステムとして社会的に機能できるかということである。また，家族の成長と変化（子どもの誕生や成長，家族の別居や死等）にともなって柔軟に家族の機能を変化させることができるかという点もストレングスの評価と関係する。ジェネラリスト・ソーシャルワークにおいては，こうした家族の機能や課題解決の方法もそれぞれ違いがあることを理解し，ワーカーとの相互作用のあり方や機関へのアプローチの方法が異なることも認識しておく必要がある。これらは同時に，社会制度や文化・伝統といったエコシステムから影響を受けている。

　一方，グループ（小集団）も重要な「マルチパーソンクライエントシステム」の1つである。従来，「グループワーク」という体系のもとで蓄積されてきた知識と技術は，ジェネラリスト・ソーシャルワークにおいてはさらに活用の幅と可能性を広げ，きわめて重要な方法として位置づけられるようになっている。それはエコシステム及びストレングス・パースペクティブによるグループの意味づけによるものである。

　ストレングス・パースペクティブは，本人の環境における資源を掘り起こすことを重視している。それらの資源は，実際には家族や地域に存在する公私のグループであることが多い。ソーシャルワーカーは，そうした資源としてのグループを活用するだけでなく，新たに創造する役割も果たさなければならない。また，エコシステムの視点は，システムと上位システムとの接触面への介入に

26

よる相互作用の進展を示唆する。その際の上位システムとは、通常、グループや組織として存在するものである。ジェネラリスト・ソーシャルワークにおいて取り扱う「グループ」とは、本人の日常生活に密着し、そこでの交互作用に直接的に作用する開放的なシステムといえる。

さらに、マルチシステムにおいては、「自然発生的援助システム」(natural helping systems) の存在が強調される。これは、家族、親族、近隣住民、友人、同僚等から構成される本人のエコシステムを形成するメンバーである。当然ながら、専門的な知識や技術は持たないが、本人にとっては自分の生活に直接的に影響を与える重要な存在である。本人との最初のコンタクトは自然発生的援助システムであり、ニーズの有無にかかわらず本人は基本的にはそのシステム内に存在し続けることになる。また、ストレングスの概念においてもコミュニティにおけるきわめて重要な資源として位置づけられる。

家族やグループを含めた「マルチパーソンクライエントシステム」へのアプローチにおいても、それらをワーカーがコントロールすることが目的ではない。相互作用を促進することで、ニーズの充足や課題の解決などの取り組みと、双方にとっての有益なシステムづくりに向けて当事者たちの取り組みを支えていくように方向づけられなければならない。

ジェネラリスト・ソーシャルワークにおいては、援助するワーカー側のシステムのあり方にも特質がある。「マルチパーソン援助システム」とは、複数のソーシャルワーカー、多職種・多機関の専門職、準専門職、ボランティア等が連携・協働しながら援助システムとして機能するということである。

高度化された現代社会における社会生活上のニーズは、ますます深刻化の度合いを増している。困難事例では、ひとりのワーカーや1つの専門機関では対応できる範囲を越えていることも少なくない。さらに、ソーシャルワーカーが対応すべきシステムも個人からコミュニティまで広範にわたる。こうしたニーズの深刻化と対象システムの拡大に加えて、地域における「援助の担い手」も専門職ばかりでなく、準専門職やボランティアたちもそれぞれ重要な役割を果たし、今や不可欠な存在になっている。

こうした要因を背景としながら、エコシステム及びストレングス・パースペクティブによって、「マルチパーソン援助システム」の考え方がジェネラリスト・

ソーシャルワークにおいて重要な意味を持つようになっている。この形態や方法は多様である。従来から実践されてきたスーパービジョン，コンサルテーション，協働，送致，ケースカンファレンスなども「マルチパーソン援助システム」の形態といえる。これらに関与するメンバーは，専門職ばかりでなく，準専門職やボランティア等にも広がり，また当事者の参画の視点も強調されるようになっている。

3 「地域を基盤としたソーシャルワーク」の理念と特質

1)「地域を基盤としたソーシャルワーク」の理念

　ソーシャルワーク理論には，ソーシャルワーク固有の内在的かつ本質的な価値や理念に根ざし，それを実践に向けて形にする過程を描写することが求められる。地域を基盤としたソーシャルワークの理解を構造的に深めるためには，その基底に位置する理念について確認しておくことが不可欠となる。これらの理念は，定義で示した，「個を地域で支える援助」と「個を支える地域を作る援助」を一体的に推進するための前提となるものである。

　以下，地域を基盤としたソーシャルワークの2つの理念について要約的に整理しておく。

　第1の理念は，本人を課題解決の中核に置き，その本人の状況に合わせた援助システムによって援助を展開することである。いわば，一人ひとりの状況に合わせたオーダーメイドの援助を志向するということである。換言すれば，既存のサービスや制度に本人が合わせるのではなく，本人にサービスや制度が合わせていくということを意味する。これは，課題解決の主体を本人に置くというソーシャルワークの中核的価値を具現化するものであり，また切り分けられた個別の課題にそれぞれ働きかけるのではなく，生活上の多様かつ複数のニーズに対して一体的に変化をうながすというソーシャルワークの基本的視点に基づくものである。

　第2の理念は，本人を中心に据えた援助システムに地域住民等のインフォーマルサポートが積極的に参画することである。地域を基盤として実践するとい

28

うことは，地域の専門職に加えて，地域の力，つまり近隣住民やボランティア，NPO 等の多様な担い手による参画を得ながら支援体制を構築するという視点が強調される。その際，通常担い手として期待される特定の地域住民のみならず，本人と地域生活の場を共有する不特定多数の住民も担い手となる可能性のある人として認識することが重要となる。個を地域で支える援助と同時並行で個を支える地域を作る援助へと展開する過程では，ワーカーの働きかけによって気づきを得た多様な地域住民は，やがて地域福祉の推進という大きな潮流を生み出すことになる。今，担い手の側にいる人たちは，地域においてはいつの日か新たな担い手によって支えられる側にもなる人たちである。

2）「地域を基盤としたソーシャルワーク」の特質

　地域を基盤としたソーシャルワークの 2 つの理念は，地域における具体的な実践として展開する際に，次の 4 つの実践上の特質が導き出される。

① 本人の生活の場で展開する援助

　地域を基盤としたソーシャルワークは，本人が日常的に生活する場を拠点として，本人と彼らをとりまく環境を対象として一体的に援助を展開するところに大きな特徴がある。本人が生活する地域がソーシャルワーク実践の場となるということである。

　従来のソーシャルワーク実践においては，本人が生活圏域を離れ，専門分化された相談機関に赴き，そこで特定の課題について必要な援助を受けるという形を基本とすることが多かった。その場合，各相談機関は特定の専門機能を有しており，その機能を本人が選択して活用することになる。そのため，援助は必然的に機関の機能に合致する特定の課題や問題に焦点を当てることになる。この発想は，細分化された機関の機能に合致する課題に本人が合わせていくというものである。

　一方，地域を基盤としたソーシャルワーク，その実践概念である地域における総合相談は，本人の生活の場で展開することになるが，その特質について，次の 3 点から明らかにしておく。

　第 1 には，本人の「問題」ではなく「生活全体」に焦点を当てた援助が可能になるということである。本人を生活圏域から切り離して援助の対象とすると

いう従前のパターンでは，環境や地域との相互作用関係を排除して特定の課題のみを取り上げることになる。しかし，本人の生活の場で援助を展開することによって，地域での日常生活に目を向けた生活全体を視野に入れることが可能となる。

第2には，本人と環境との一体的支援を可能にすることによって，システムとしての全体的変化をうながすことである。それは，当事者本人だけの変化をうながそうとするのではなく，同時に本人と環境（地域）との相互作用を促進することによって，環境側の変化をもたらすことになる。つまり，新しいシステムを形成するというソーシャルワークにおける重要な視座を実践に移す機会を提供することになる。ソーシャルワークにおける課題解決とは，エコロジカルな視座においても指摘されてきたように，本人と環境との良好な適合状態を形成することなのである。

第3には，本人の生活の場で援助を展開することによって，本人システムに長期的な働きかけができることである。つまり，年齢によって支援を受けることのできる期限が決まっているわけではない。ここでの「長期的」とは，本人の各ライフステージにわたって継続的に支援できる環境をもたらすことを意味する。

② 援助対象の拡大

本人の生活の場で援助を展開するということは，援助対象の拡大という重要な特質を導くことになる。本人の生活を中心にとらえることによって，課題を分別して対応するのではなく，地域生活上で本人が認識するさまざまな「生活のしづらさ」に焦点を当てることができる。

社会構造の変化を背景として，地域生活上の「生活のしづらさ」はきわめて多様となってる。必ずしも，高齢，障害，母子といった社会福祉六法等の法律上の枠組みに依拠した形で課題が発生するわけではない。多様化・深刻化する生活課題は，現行の法律で対応できる範囲を超えているものも多い。また，課題は複合的であることが多く，その場合，特定の領域内の対応で解決できるわけでもない。

既存の制度上の枠組みでは対応できない「制度の狭間」をめぐる指摘がなされている。しかしながら，そもそも「制度の狭間」は誰によって作られたのか。

ソーシャルワークの先駆的・開拓的機能は，ソーシャルワークを特質づけ，また ソーシャルワークのミッションに直結するきわめて重要な機能であったはずである。それがいつの間にか，制度化され，その枠内でしか機能しない「ソーシャルワーカー」を生み出してきた。

　地域を基盤としたソーシャルワークは，その対象認識の入口を制度的枠組みとするのではなく，「生活のしづらさ」とすることによって，「制度の狭間」をめぐる課題を払拭することになる。社会構造の変化にともなって社会問題は変化する。ソーシャルワークの使命とは，対象として認識されている課題だけでなく，既存の法律の枠組みでは対応できなかった新しい課題にも対応していくことである。加えて，援助する側からみた課題の深刻さや多様さという視点ではなく，本人が感じている生活課題からアプローチすることも重視されなければならない。

③ 予防的かつ積極的アプローチ

　従来のソーシャルワーク実践，とりわけ制度を活用した援助は，本人や周囲からの訴えを受けて援助者が動き出すという傾向が強かった。その場合，深刻な状態に陥ってから課題が把握されることも少なくなく，どうしても対応が後手にまわることになる。その場合，本人のダメージは大きく，また援助の選択肢も狭まって保護的な援助にならざるをえなくなる。

　地域を基盤としたソーシャルワークにおいては，予防的な働きかけ，つまり課題が深刻になる前に対応することも特質とする。これにより，援助の選択肢が広がり，本人側に立った有意義な援助の可能性が広がることになる。予防的機能は，ソーシャルワークの機能として従来からきわめて重要なものであったが，必ずしも十分に発揮されてきたわけではなかった。ソーシャルワーカーが総合相談の担い手として，日常生活圏域を拠点としながら，地域住民との協働によって早期把握・見守り機能を遂行することが求められる。

　予防的アプローチに関連して，ソーシャルワーカーによる積極的な働きかけも重視される。このアプローチは，サービスを拒否したり援助を受けることに前向きでない人やニーズ・課題があることに気づいていない人たちに対して積極的に働きかけていくことである。従来，アグレッシブ・ケースワーク（aggressive casework）やアウトリーチ（out-reach）と呼ばれてきた手法であるが，

地域を基盤としたソーシャルワークにおいては，ワーカーが常時，ニーズに目を向け，積極的に働きかけていくことが求められる。それは，ソーシャルワーカーが本人の生活の場である地域の側にいることによってもらされる機能といえる。

④ ネットワークによる連携と協働

　地域を基盤としたソーシャルワークにおいては，本人を中核において，複数の援助機関，複数の専門職，さらには地域住民等がネットワークやチームを形成し，連携と協働によって援助を提供することもその特質として指摘できる。ソーシャルワーク実践においては，「ネットワーク」の活用が重要である一方で，その概念はきわめて抽象的で実体概念として把握することは容易ではない。ここでは，「ソーシャルワークにおけるネットワークとは，関係者のつながりによる連携・協働・参画・連帯のための状態及び機能のことである」と定義しておく。

　地域での生活課題は複合化している。たとえば，介護が必要な高齢者世帯であっても，そこには単純な介護問題だけでなく，他の疾病，多重債務，障害のあるわが子の将来，地域住民とのトラブルなど，さまざまな課題が重なっていることも少なくない。そうした場合，特定の機関の特定の援助者による支援だけで対処できる範囲を超えることになる。

　ネットワークによる連携と協働は，総合相談の特徴的な機能である。これがうまく機能することによって，地域の社会資源を最大限に活用でき，援助の幅と可能性を大きく広げることができる。ネットワークを組む援助システムには，いくつかの組み合わせがある。その類型は，①専門職だけで構成された援助システム，②地域住民やボランティアなどのインフォーマルサポートの担い手で構成された援助システム，③専門職とインフォーマルサポートの担い手の両方で構成された援助システム，に整理される。緊急性が高い場合や困難事例には専門職による援助システムのウエイトが高まり，早期把握や見守りの機能が必要な場合にはインフォーマルサポートの担い手による援助システムへのウエイトが高くなる。事例の動きに合わせて，フォーマル，インフォーマルの社会資源と協働して援助システムとして柔軟に対応していくことが求められる。一般に，本人のニーズは変わりやすいが，援助は固定化しやすい。それだけに，関

係者によるケースカンファレンスなどによって，関係機関・団体間同士の合意形成を図りながら，事例の動きに的確に対応できる体制づくりが不可欠となる。

4 「地域を基盤としたソーシャルワーク」の機能

　地域を基盤としたソーシャルワークの2つの理念と4つの特質は，さらに具体的な機能を導き出すことになる。この機能の明確化は，地域を基盤としたソーシャルワークの実践を具体的に示すことになることから，理論構築においては，きわめて重要となる。

　ジェネラリスト・ソーシャルワークの特質及び地域を基盤としたソーシャルワークの2つの理念と4つの特質から，8つの機能を導き出した。以下，①広範なニーズへの対応，②本人の解決力の向上，③連携と協働，④個と地域の一体的支援，⑤予防的支援，⑥支援困難事例への対応，⑦権利擁護活動，⑧ソーシャルアクション，の8つの機能の概要について整理する。表2-2では，これらの機能の要約を一覧にし，「地域を基盤としたソーシャルワークの8つの機能」として示した。なお，これらの各機能の詳細については，本章第2節でとりあげる。

　第1の機能は，「広範なニーズへの対応」である。「制度の狭間」にある人や自ら支援を要請できない人への働きかけ，予防的支援を含めた広範なニーズへの対応を視野に入れることになる。また，制度的枠組みに依拠しない，本人の側からみた「生活のしづらさ」に対する排除のないアプローチも重視される。本人の生活する場を拠点としたアウトリーチの展開が重要となる。

　第2の機能は，「本人の解決力の向上」である。当事者である本人や地域住民による解決力の向上の促進を図ることが重視される。課題の直視と本人の「気づき」へのうながし，前向きな変化を次の変化につなげる援助，自分のサポート体制を自分で形成できるように支える援助，地域住民の協働による解決力の向上を含むことになる。

　第3の機能は，「連携と協働」である。ネットワークの特性を活かした本人を中心とした連携と協働の促進を図る。本人を中核においた多様な担い手の参

第2章　地域を基盤としたソーシャルワーク　33

表 2-2　地域を基盤としたソーシャルワークの 8 つの機能

	機　能	概　要
1	広範なニーズへの対応	「制度の狭間」にある人や自ら支援を要請できない人への働きかけ，予防的支援を含めた広範なニーズへの対応。制度的枠組みに依拠しない，本人の側からみた「生活のしづらさ」に対する排除のないアプローチ。本人の生活する場を拠点としたアウトリーチの展開。
2	本人の解決力の向上	当事者である本人や地域住民による解決力の向上の促進。課題への直視と本人の「気づき」へのうながし，前向きな変化を次の変化につなげる援助，自分のサポート体制を自分で形成できるように支える援助，地域住民の協働による解決力の向上。
3	連携と協働	ネットワークの特性を活かした本人を中心とした連携と協働の促進。本人を中核に置いた多様な担い手の参画によるオーダーメイドのサポート体制の構築。個と地域の一体的支援のためのケースカンファレンスの重視。広範な事例と多様な担い手によるケースカンファレンスの積極的活用。
4	個と地域の一体的支援	地域を基盤としたソーシャルワークにおける中核的機能。個を地域で支える援助と個を支える地域を作る援助の一体的推進。個別支援から地域支援への連続性のある展開。「1つの事例が地域を変える」という積極的アプローチ。
5	予防的支援	ソーシャルワーク実践における事後対応型から事前対応型への転換。地域住民との協働による早期把握，早期対応，見守りの推進。広義のアウトリーチを可能にするしくみづくりの重視。小地域を拠点とした予防的プログラムの積極的展開。
6	支援困難事例への対応	多様化・深刻化・潜在化の様相を呈する支援困難事例への適切な対応。専門職による根拠に基づいた個別支援の本質的アプローチ。困難状況の発生要因に基づいた分析枠組みによる事例の全体把握。事例の本質的理解から具体的アプローチへの展開。
7	権利擁護活動	本人を基点に置いたアドボカシーの展開。最低限度の生活の維持及び権利侵害状態からの脱却。本人を主体とした積極的な意味での権利擁護の推進。予防的観点からの権利擁護の重視。権利侵害をもたらす環境の変革。地域における多様な担い手の参画による権利擁護の推進。
8	ソーシャルアクション	個別支援の蓄積から当事者の声を代弁し，その声を束ねながら社会の側の変革を志向。本人を主体とするソーシャルワーク実践としての環境の改革。広範な個別ニーズの把握，地域住民の気づきの促進，分かち合いの促進，共有の拡大と検証という展開の重視。

出典：岩間伸之「地域を基盤としたソーシャルワークの特質と機能―個と地域の一体的支援の展開に向けて」『ソーシャルワーク研究』37-1，相川書房，2011 年，11 ページ

画によるオーダーメイドのサポート体制を構築することが重視される。個と地域の一体的支援のためのケースカンファレンスが重視され，そこでは広範な事例と多様な担い手によるケースカンファレンスの積極的活用が求められる。

第4の機能は，「個と地域の一体的支援」である。地域を基盤としたソーシャルワークにおける中核的機能として位置づけられる。個を地域で支える援助と個を支える地域を作る援助の一体的推進を図ることになる。個別支援から地域支援への連続性のある展開が重視され，「1つの事例が地域を変える」という積極的アプローチが特徴となる。

第5の機能は，「予防的支援」である。ソーシャルワーク実践における事後対応型から事前対応型への転換を図ることに主眼が置かれる。地域住民との協働による早期把握，早期対応，見守りの推進が重視される。広義のアウトリーチを可能にするプログラムの展開や小地域を拠点とした予防的プログラムの積極的推進を図ることが求められる。

第6の機能は，「支援困難事例への対応」である。多様化，深刻化，潜在化の様相を呈する支援困難事例への適切な対応が地域を基盤としたソーシャルワークにおいても不可欠である。専門職による根拠に基づいた個別支援の本質的アプローチといえる。支援困難事例の発生要因と分析枠組みによる事例の理解の重視及び事例への正確な理解から具体的なアプローチへの展開が求められる。

第7の機能は，「権利擁護活動」である。本人を基点に置いたアドボカシーの展開が主軸となる。最低限度の生活の維持及び権利侵害状態からの脱却，本人を主体とした積極的な意味での権利擁護，予防的観点からの権利擁護，権利侵害を生む環境の変革といった広範な権利擁護が求められる。地域における多様な担い手の参画による権利擁護の推進が重視される。

第8の機能は，「ソーシャルアクション」である。個別支援の蓄積から当事者の声を代弁し，その声を束ねながら社会の側の変革を志向する。本人を主体に置いたソーシャルワーク実践としての社会改革が基軸となる。広範な個別ニーズの把握，地域住民の気づきの促進，分かち合いの促進，共有の拡大と検証という展開が重視される。

注

1）Louise C. Johnson and Stephen J. Yanca, *Social Work Practice: A Generalist Approach*（8th ed.）, Allyn and Bacon, 2004.
L.C. ジョンソン，S.J. ヤンカ著／山辺朗子・岩間伸之訳『ジェネラリスト・ソーシャルワーク』ミネルヴァ書房，2004 年．p109

2）同上，p395

3）同上，p87

第**2**節
「地域を基盤としたソーシャルワーク」の機能

1 広範なニーズへの対応

　地域を基盤としたソーシャルワークの第1の機能は，「広範なニーズへの対応」である。この機能は，ソーシャルワークの対象をどのようにとらえるかという大きなテーマを内包している。同時に，社会福祉における対象をめぐる議論とも重なることになる。対象をどのように規定するかについては，社会福祉領域における普遍的なテーマとして長く議論されてきた。ソーシャルワークにおいては，対象の設定そのものが援助の枠組みに直接影響を与えることになる。

　「広範なニーズへの対応」は，ソーシャルワーク実践のいわゆる「入口」の議論につながるものであるが，「入口」の設定は，ソーシャルワークの「出口」，つまりソーシャルワーク実践のゴールをどこに設定するかということと深く関係する。「入口」は，実践としての「プロセス」を経て，やがて「出口」（地域づくり）へと至るからである。「1つの事例が地域を変える」をコンセプトとする地域を基盤としたソーシャルワークにおいては，「入口」をめぐる議論は大きな意味を持つ。

　地域を基盤としたソーシャルワークは，当然ながら本人の生活空間である地域を拠点として展開する。よって，そこでのソーシャルワークの対象は，「地域」という文脈上で生起する生活課題となる。そして，地域生活を営む本人を主体として位置づけるソーシャルワークにおいては，その対象は本人の側からみた

「生活のしづらさ」として認識されることになる。

　以下，地域を基盤としたソーシャルワークの機能としての「広範なニーズへの対応」を明確にするために，「制度の狭間」をめぐるソーシャルワーク実践の課題をふまえた上で，地域生活上の「生活のしづらさ」への対応という視座から「広範なニーズ」が持つ意味について論及する。さらに，具体的な方法として，地域で展開するアウトリーチについて言及する。

1）「制度の狭間」をめぐるソーシャルワーク実践の課題

　人口減少と少子高齢化を含めた人口構造の変化は，地域生活上のニーズに多面にわたって影響を与えている。人口の高齢化にともなう認知症の人の増加，人口減少と連動して低迷が避けられない経済活動，地縁・血縁による自然発生的な支え合いの希薄化，社会保障システムの制度疲労等々，社会構造そのものが大きく変貌せざるをえない状況にある。

　個々の生活が社会のなかで営まれる限り，こうした社会構造の変化は，直接的かつ間接的に個人生活上の課題をもたらすことになる。低所得者層の増大と経済的格差の拡大，社会的に孤立した人たちの生活課題の顕在化，虐待等の権利侵害事例の増加，制度の狭間に位置する新しい生活課題の出現等，地域生活を営む上での課題は多様化，深刻化，潜在化の様相を呈している。

　こうした地域生活上の課題を放置できない限り，排除するのではなく地域で広く受けとめていくしかない。制度に依拠した援助を展開するだけでは，その枠に収まらない新しい課題に対応できるはずもない。いわゆる「制度の狭間」への対応は，ソーシャルワークの先駆的・開拓的機能と深く関係する。ゴミ屋敷，外国籍住民，高年齢層の長期にわたるひきこもり，複合的課題をもつ家族，刑余者，犯罪被害者，自殺未遂者，多重債務者，薬物依存者等々の生活課題は多様かつ深刻である。

　2000年12月に出された『「社会的な援護を要する人々に対する社会福祉のあり方に関する検討会」報告書』（厚生省社会・援護局）において，「従来の社会福祉は主たる対象を『貧困』としてきたが，現代においては，『心身の障害・不安』（社会的ストレス問題，アルコール依存，等），『社会的排除や摩擦』（路上死，中国残留孤児，外国人の排除や摩擦，等），『社会的孤立や孤独』（孤独死，自殺，家庭

内の虐待・暴力等）といった問題が重複・複合化しており，こうした新しい座標軸を合わせて検討する必要がある」と指摘されている。しかし，この指摘に十分に応えることはできてこなかった。

こうした「制度の狭間」にある人へのアプローチは，先駆的・開拓的機能というソーシャルワークのミッションに直結するきわめて重要な課題であったはずである。社会構造の変化にともなって生活課題は変化し続ける。その課題に敏感に呼応できなければ，ソーシャルワーカーへの信頼は揺らぐことになる。そうであるにもかかわらず，いつしか，制度化され，その枠内においてのみ機能し，限定化された対象だけを視野に入れた「ソーシャルワーカー」を生み出してきたといえる。

「広範なニーズへの対応」とは，制度的枠組みに依拠しない本人の地域生活上の多様な課題に対応することを視野に入れることになる。

2）「広範なニーズ」がもつ意味──地域生活上の「生活のしづらさ」への対応

地域を基盤としたソーシャルワークにおける「広範なニーズへの対応」とは，地域生活上の「生活のしづらさ」への対応を意味するものである。なぜなら，地域生活を営む本人を主体として展開し，また制度的枠組みに依拠しないということは，その対象は本人の側からみた「生活のしづらさ」として認識されることになるからである。「広範なニーズへの対応」の基本的視座はここにある。そうすると，本人の「生活のしづらさ」とは，制度的枠組みからはずれ，複数の生活上の要素が相互に関連性をもちながら一体的に生起することになる。たとえば，介護や子育ての課題は，それらが単一の課題として生じるわけではなく，疾病，経済的困窮，家族関係，地域との関係等が複雑にからむことになる。

「制度の狭間」とは，制度の側にいる人が使う表現であって，当事者にとってみれば既存の制度のあり様とは関係なく生活課題が発生する。つまり，「広範なニーズ」とは，従来の制度的枠組みでは対応できない人たちを含め，本人の側からみた地域生活上の「生活のしづらさ」に対応することを意味する。これは，人が制度（サービス）に合わせるのではなく，制度が人に合わせるという地域を基盤としたソーシャルワークの理念に通ずるものである。広範なニーズへの対応とは，ソーシャルワーク実践が本来の先駆的・開拓的機能を遂行す

るための足がかりとなるものである。

　さらに，この「広範なニーズ」は「予防的ニーズ」をも内包する。「予防的支援」は，地域を基盤としたソーシャルワークの機能の１つであるが，広範なニーズへの対応はこの予防的支援の入口として認識する必要がある。早期把握・早期対応によって，権利侵害事例や支援困難事例に至ることを未然に防ぐという事前対応の強化は，地域を基盤としたソーシャルワークの特徴的な機能である。そのためにも，予防的ニーズを把握するシステムが不可欠となる。

　加えて，この「生活のしづらさ」は「地域」という文脈上で生起する点も看過してはならない。「地域」は，当然のことながら，人口規模や人口構造，人口密度，さらには歴史や文化，風土等々，きわめて固有の地域性を有する。個人の生活課題とは，そうした固有の地域性と密接に関連しながら生起する。また，一人ひとりの地域住民にとってみれば，たとえば隣人にどのような人が住むかによってそれぞれの地域の風景は一変する。そして，何よりも強調されるべきは，地域を基盤としたソーシャルワークにおける課題解決とは，その地域という文脈のなかで解決するところに特長がある。地域の担い手も地域の社会資源も近隣住民も，すべてその地域に内在する構成要素なのである。

3) 地域で展開する「アウトリーチ」による支援

　自ら支援を要請できない人への働きかけや予防的支援を含めた広範なニーズへの対応においては，制度的枠組みに依拠せず，また本人の側からみた「生活のしづらさ」への排除のないアプローチが求められる。その具体的な方法としては，本人の生活の場を拠点とした「アウトリーチ」の展開が不可欠である。

　「アウトリーチ」による実践は，第３章で論じるように，地域を基盤としたソーシャルワークの展開と密接な関係がある。アウトリーチを狭義にとらえ，個別訪問による支援をもってアウトリーチとする傾向もみられる。しかしながら，ソーシャルワークにおける「アウトリーチ」とは，本来もっと多面的な要素を含む広範な実践概念であるべきである。そのようにとらえることによって，アウトリーチ機能の明確化がソーシャルワーク実践の特質を浮き彫りにすることになる。

　アウトリーチ（out-reach）とは，直訳すれば「出向いて手を差し延べること」

となる。本書におけるアウトリーチの定義を示すために、「アウトリーチ」の成立要件として、アウトリーチによって達成されるべき機能をまず示しておく。

第1の機能は、自ら支援を要請できない人へのアクセスができることである。本人のもとへ出向くことが目的となるのではなく、待っていてはキャッチできない事例へのアプローチが重要となる。この事例のなかには、判断能力が不十分であったり、コミュニケーションが円滑にできないといった理由で自らSOSのサインを表出できない人に加え、サービス等の情報が行き届かない人も含むことになる。

第2の機能は、事例が深刻な状態に至る前に予防的にアプローチできることである。早期把握・早期対応を軸とする「予防的支援」は、地域を基盤としたソーシャルワークの機能の1つであるが、アウトリーチはその具体的な方法となる。通常、深刻な状態になってから専門相談機関につながることが多いが、そこに至る前にアプローチできることが求められる。

以上の2つの要件が「広範なニーズ」へのアプローチに不可欠となるが、アウトリーチの機能とは、事例のキャッチにとどまらず、その後の対応も含むことになる。そのための要件が次の2つの機能である。

第3の機能は、キャッチしたあと継続的に支援することができることである。つまり、早期把握するだけではなく早期対応に向けて展開できること、つまりその後、援助のプロセスをたどっていくことである。

第4には、地域住民と協働して動けることである。戸別訪問における同行のみならず、地域でのプログラムを協働で開催することなども含んでいる。加えて、ワーカーサイドから多様な地域住民へ働きかけるだけでなく、地域住民からワーカーへのアクセスがあることが重要となる。この双方向性の関係を包含することがアウトリーチの活動を支えることになる。

以上の4つの成立要件をふまえると、アウトリーチの実践のためには本人の生活の場を拠点として展開することが必須の条件となる。そこで、本書では、「アウトリーチとは、本人の生活の場に近いところへ出向き、本人を基点として援助を展開する実践の総体である」と定義する。家庭訪問等の個別訪問による援助のみならず、住民にもっとも近い地域を拠点とした援助を展開することも含んだ実践概念である。本人の住む地域を拠点として、そこの地域住民を含む多

様な担い手の参画を図ることになる。

　こうしてみると，アウトリーチとは地域を基盤としたソーシャルワークそのものと限りなく重なり合うことになる。そして，第3章でとりあげる地域における総合相談体制の構築は，アウトリーチの拠点，つまり基本ユニットとして設定した地域を基盤としたソーシャルワークの実践の場を創造することになる。

2 本人の解決力の向上

　地域を基盤としたソーシャルワークの第2の機能は，「本人の解決力の向上」である。誰を主体にするかが問われるソーシャルワーク実践においては，その本質的機能といえる。同時に，ソーシャルワークの価値に強く根ざした機能でもあり，これまで重視されてきた，ワーカビリティ（本人の課題解決能力），エンパワメント，ストレングス，レジリエンスといった援助概念と密接な関係をもつ。ワーカーの役割とは，その本人自身による課題解決の過程を全力でもって専門的に支え続けることである。

　本人の課題は，本人以外の誰のものでもない。そして，本人自身の課題であり続ける限り，解決の主体も本人自身以外の誰もとって代われるわけではない。ここでいう「解決」とは，課題や問題が消失したり払拭されたりすることではなく，課題との折り合いをつけながら生活していくことである。突き詰めれば，地域や社会とのつながり方を模索していくことを意味する。この点が地域を基盤としたソーシャルワークの機能として重要な機能となるゆえんとなる。

　ここでいう「本人」とは，当事者である「個人」を中核に置きつつも，概念的には個人を内包する家族や地域住民を視野に入れている。地域を基盤としたソーシャルワークにおいては，本人と向き合う個別援助と地域づくりは地続きものとして展開される。地域との接点においては，本人をとりまく環境としての地域に主体的に働きかけていくことも解決力に含まれる。この「本人の解決力の向上」が十分に機能しなければ，個別支援から地域支援への展開は阻まれることになる。

この機能は，課題解決に向けた「本人主体」の過程を活用することと深くつながる。第4章でとりあげる中核的価値とそこを基点とする派生的価値の展開は，「本人の解決力の向上」の基盤となる取り組みとなる。本人主体の援助とは，本人の持てる力を最大限に活用し，本人自身が課題解決に向けて取り組む援助である。この過程自体が本人の解決力を向上させることになる。

スタート地点を本人のいるところに求め，本人の存在そのものを尊重することで最初の一歩を支え，同時に援助関係を伴走するための核としながら，本人が決めるプロセスを支える。さらに，新しい出会いと変化を支えながら，新たな社会関係を創造していく。この派生的価値に基づく実践の過程こそがソーシャルワークの過程であり，本人の解決力を高める基盤となるものである。つまり，本人の解決力の向上とは，本人が目前にある現実の具体的な課題と向き合い，取り組む過程で本人が獲得していくものなのである。どこか別のところでその力を獲得していくような性格のものではない。

以下，「本人の解決力の向上」の機能を推進するために，以下の4つの内容についてとりあげる。この実践は，ソーシャルワーク実践における派生的価値の展開と，個と地域の一体的支援と深く重なるものである。

1）課題への直視と本人の「気づき」をうながす

本人の解決力の向上は，まず本人の持つ力を最大限に発揮できるように支えるところから始まる。課題への直視と本人の「気づき」のうながしは，その助走として位置づけられる。

課題への直視とは，現実への直視を意味する。その課題が本人の生活と人生にかかわる課題である限り，誰も身代わりにはなれない。「本人主体」の援助の根拠となる，この厳しい現実と本人が向き合えるように，ワーカーはその過程において全力で社会的に支えることになる。現実の課題と向き合う際に生じる「揺れ」や「痛み」を受けとめつつ，現実と向き合う力へと転換していくことが求められる。

現実の課題への直視を支えながら，内的変化を積極的に待つことがワーカーの役割として求められる。このことは，変化に向けた踏み出しができる時機を待つことを意味する。これは，第4章で述べる派生的価値の「本人の最初の一

歩を支える援助」のことである。内的変化は，外見上では際立った変化がなくても，変化に向けた準備期間となっていることも多い。ワーカーには，まず存在することに意味と価値があることを本人が認識できるように援助することが起点となる。

　内的変化を積極的に待ち，本人自身が自分の存在に意味と価値を見出す援助を土台としながら，課題解決に向けた具体的な気づきをうながしていくことになる。困難な状況にある本人が地に足をつけ，自分で前に進むためには，本人が自分自身に目を向ける作業が不可欠となる。それは，課題解決に向けて本人が自分をとりまく現実を直視するためにもきわめて重要な作業となる。

　自分自身に目を向けるその内容として，自分自身の感情に気づくことが重要な意味を持つ。自分の心身の苦痛やつらさ，自分の置かれた状況に付随する否定的感情を意識化することが求められる。支援困難な状況にある人たちは，そうした自分の感情に向ける意識を逸らしたり，鈍化させたりしてしまっていることも少なくない。当然ながら，その作業には，そうしたありのままの感情を尊厳をもって受けとめてくれる専門職をはじめとする周囲の人の存在が必要となる。

　感情は，何らかの事実から生起している。したがって，ワーカーが感情を受けとめることは，同時に困難状況をめぐる具体の事象にアプローチする道を開くことになる。つまり，本人が意識している困難な事実について明確化でき，そこから具体的な課題解決に向けて取り組むことができる。

　バイステック（Felix P. Biestek）は「受容（受けとめる）の原則」について，「ケースワーカーが彼を受けとめられるようになるにつれ，クライエントは，自ら彼自身を受けとめ始めるのである」[1]とし，さらに「クライエントが自らを受けとめ，自分にもかかわるようになることは，彼が自分で自分を助けようとする新たな努力を開始することである」[1]と言及している。困難状況にある自分の感情を受けとめる作業は，本人が主体となった課題解決へのステップとなることも看過してはならない。

　本人自身が課題発生のメカニズムについて気づくことは，対人援助の観点からもきわめて重要となる。支援困難事例ゆえに容易ではないものの，なぜ困難状況に陥っているのか，なぜ苦痛が伴うのか，なぜここから抜け出せないのか

等について，本人とワーカーとが協働で明確にしていくという取り組みは，課題解決過程そのものとなる。この作業は，援助過程全体に関係する気づきの内容を包含する。

　そこでは，支援困難事例には複数の要素が関係していること，課題はシステムとしての力動の結果として生起していることへの気づきが求められる。ここで大切なことは，システムとして理解することであり，決して課題を生み出す「犯人探し」をすることではない。さらには，課題が複合化した支援困難事例などにおいては，優先順位を決めること，解決すべき課題を焦点化することなども含まれる。この取り組みにおいては，当然ながらワーカーの側においても課題発生のメカニズムについての考察が十分になされることが前提となる。

　こうした自分自身への気づきを深める作業に加えて，自分をとりまく環境への気づきも重要となる。困難性は，当事者のみらずその社会関係上にも何らかの形で具体的に現れるからである。したがって，本人と本人をとりまく環境に働きかけ，その社会関係を調整することが必要となる。そのため，課題解決の主体者である本人自身が自分の社会関係に目を向けることができるようにすることも重要なアプローチとなる。

　実際には多様な社会関係が存在するが，そのなかでも日常生活上直接的に強い影響を与えている身近な社会関係に本人が目を向けることが大切となる。家族や親族といった血縁関係や，近隣や地域住民との地縁関係を含めた社会関係について，客観的に認識できるようにすることである。自分は周囲に対してどのような思いを持っているのか，周囲は自分をどのように見ているのか。その相互作用について意識化することである。そこでは，自分は周囲から影響を受けているのと同時に，相手に影響を与えている存在であることにも気づくことを含んでいる。

　さらに，そうした身近な社会関係が時間的な経過にともなってどのように変化してきたのかについて，本人の認識を深めることも大切である。変化の推移を客観的にとらえることは，今後の方向性を検討する上で重要な視点となる。

　課題解決にあたっては，本人自身が自分の「ストレングス」(strengths) に気づくこと，つまり本人や本人の環境にある長所，強さ，強み，できることに気づくことも重要なアプローチとなる。それは，困難状況に向き合うのは本人で

しかないからである。「この人ならできるはず」とか「いい面もあるのに」と，ワーカーや周囲が感じているだけでは，その力を活用することはできない。さらに，その前提として，ワーカーや周囲が本人を「困った人」「課題が多い人」「力が低下してきている人」というとらえ方をしている限り，本人が自分のストレングスに気づくことなどありえない。本人に気づきをうながすストレングスの内容として，これまで生きてきた（課題を克服してきた）事実があること，まだまだできることがあること，人とは異なる個性や強みがあること，さらには自分には使える社会資源があることなどが含まれる。

　当然ながら，この気づきをうながすためにはワーカーの存在とそこでの専門性が問われることになる。自尊心や自己肯定感が低下しがちな困難状況にある人たちが，自らストレングスに気づくことは容易ではないからである。まず本人ができることから始めることが原則である。力量・技量の面だけでなく，本人が「その気」になったことから始めることもそこに含まれる。ささいなことであっても「自分でできた」という本人の実感が次につながるからである。「本人の力」は限定的なものではない。困難状況で出せなかった力が，条件がそろった場合に発揮できる場合もある。できることから出発することによって，「できたことからの広がり」とも表現できるアプローチ，つまり連鎖的に本人の力を引き出すという視点も本人の力の活用においては欠かせない。

　実際の援助過程においては，この「できること」の内容と当面取り組むべきこととの間に折り合いをつけることもワーカーの役割となる。支援困難事例における困難状況への対応において，その困難性や本人の状況を鑑みると，本人が対応できる範囲をはるかに超えていると思われる場合も多いだろう。けれども，その深刻な課題を丁寧に分析し，もつれた糸をほぐすように課題解決の端緒を見つけ出し，そこに本人の力が発揮できる機会を提供できるように働きかけることが重要な援助の視点となる。そこでの達成感がさらに取り組みの過程を後押しすることになる。なお，その後の取り組みの過程においては，本人のペースを最大限に保持することも大切となる。人からコントロールされるのではなく，自分で解決する力を引き出すためには，自分のペースで取り組むことも重要な要素となる。

2) 前向きな変化を次の変化につなげる

本人の解決力の向上のためには，本人の持つ力を最大限に発揮できるように支えるだけでなく，1つの取り組みによる1つの変化を次の変化につなげていくことが求められる。

本人の気づきをうながす取り組みにおいて，ワーカーがそのプロセスを支えてくれることを本人が実感したとき，自分がそこに主体的にかかわるべきであること，そして今の状況を変える可能性があることへの気づきをうながすことになる。本人が苦しい状況であることを認識していたとしても，その環境（システム）を変えることに大きなストレスを感じることも多い。そうした状況下において，本人自身が自ら働きかけ，その事態に何らかの変化が生じた場合には，それを前向きに評価し，本人や関係者にフィードバックすることはきわめて重要なアプローチとなる。これは，当事者をエンパワメントするための1つの方法となる。

この評価のためのポイントとして，次の3つの内容が指摘できる。まず第1には，小さな変化であってもそれを言語化して評価することである。ちょっとした発言や考え方の変化であっても，そこへのワーカーからの評価が次の変化を引き出すことになる。少しでも「変化したこと」が重要な意味を持つことも多い。第2には，本人に認識がない場合，その変化への本人の気づきをうながすという側面も必要ということである。こうしたワーカーの働きかけは，本人の気づきのプロセスを促進することにつながる。第3には，援助の意味合いにおけるプラスの変化を重視しながら取り組みを推し進めることである。つまり，その変化への評価は，援助の視点から濃淡をつけた働きかけが求められることになる。

3) 自分のサポート体制を自分で形成できるように支える

「本人の解決力」とは，本人が他者からの力を借りることなく自分ひとりで解決していける力のことを指すわけではない。ここでいう「解決力」とは，本人が自分のサポート体制を自分で形成していく力を高めることができるように支えることである。これもまた「解決力」を構成する要素の1つである。これには，「援助されること」を受け入れる，つまり人から支えられながら自分ら

第2章　地域を基盤としたソーシャルワーク　47

しく生きていく道を探るという要素を含んでいる。さらに，たとえ他者から援助を受けたとしても「人としての価値」が減るものではないことを本人と共有することがその前提となる。

この内容は，根源的価値として位置づけた「支え合いの促進」にも通ずるソーシャルワーク実践の基盤となる要素といえる。これを推進するためには，ワーカーによるいくつかの援助が含まれる。まず，自分の状況を周囲の他者に自分で伝えることを支えることである。自分の置かれた窮状や苦しさを伝えたり，訴えることは，自分のサポート体制の形成に向けた重要なプロセスとなる。そのためには，その自分の窮状や苦しさに気づくことと，それを言語化することを支える援助が求められ，場合によっては本人を代弁することになる。

そして，本人が自分の状況を周囲の他者に伝えることを支えつつ，サポート体制づくりに向けた交渉過程をワーカーは支えることになる。その交渉とは，自分に必要なこと，自分のしてほしいことを伝えるだけでなく，周囲と折り合いをつけながら着地点を見出すことを意味する。ワーカーは，本人を主体としながらこの過程を支えることになる。

4）地域住民の協働による解決力の向上につなげる

地域を基盤としたソーシャルワークにおいては，本人の解決力を地域住民の協働による解決力の向上に展開していくことが求められる。両者の媒体となるのが，後述する個と地域の一体的支援の機能である。今や，「地域の力」を抜きにした対人援助の実践はありえない。ここでいう「地域」とは，近隣住民，民生委員，地域で活動するボランティア等の住民，自治会やボランティア組織，地域活動型のNPOといった住民・地域組織等のインフォーマルな資源を集合的に指すものである。事例をめぐる困難な状況は，本人自身に内在するものばかりでなく，家族や近隣住民等との社会関係上にまで広範にわたる。この社会関係は，困難性にさらに拍車をかけるという悪循環をもたらす可能性がある一方で，大きな支えにもなる。

あらゆる事例（個）は，近隣住民と何らかの社会関係を形成しながら生活を営んでいる。その関係の濃淡や質は多様であるが，地域と無関係ということはありえない。事例へのアプローチにおいても，本人をとりまく地域と一体的に

とらえるシステムの視座は重要な意味を持つ。それは地域からの働きかけに変化を与えることで，課題状況のシステムに変化を与えることである。

　地域住民や地域組織等が支援困難な課題を早期に把握するという機能は，地域住民ならではの重要な機能であり，地域を基盤としたソーシャルワークの機能の1つとして位置づけている。この早期把握の機能は「見守り機能」とも重なる。地域住民や地域組織によって提供される重要な機能である。事例がある程度落ち着いた段階にまで至った場合や，一定期間の入院を経て状態が安定して地域に戻ってきた場合など，専門職による援助に加えて地域住民による長期的な視点からの支援が必要となることも多い。

　地域を基盤としたソーシャルワークにおけるアプローチとして「地域の力」は重要な意味を持つが，専門職として安易に働きかけることは避けなければならない。何よりも重要なことは，事例のために地域住民や地域組織があるのではなく，事例とともに福祉のまちづくりを創造する，つまり地域福祉を推進するという視点である。

　以上の内容をふまえて，地域による解決力の向上に向けた5つの基本的視点を示しておく。まず第1には，地域における事例をめぐる地域住民の反応は，「共存」と「排除」の意識が交錯するというきわめて過敏な状況にある。たとえば，軽い認知症のある一人暮らしの高齢者に対して，「同じ地域の方だから何とか手を差し延べたい」という共存の気持ちがある一方で，「ボヤなどやっかいなことになっては困る」という排除の気持ちも同時に生じるということである。また，瞬時に「共存」と「排除」が入れ替わる傾向が強いことも特徴といえる。「共存」と「排除」は表裏一体で，また紙一重という性格を持つものである。こうした心情は，地域住民として当たり前の感情ともいえるだろう。「事例は地域全体で支えるべき」という専門職側にとって都合のいい論理だけで一方的に働きかけると，地域住民の側の「排除」のメカニズムを刺激することになる。いったん「排除」のメカニズムが動き始めると，「共存」のメカニズムに転換することは容易ではない。

　第2には，地域住民による「共存」の意識の喚起がワーカーに求められる。そのためにも，支援を要する事例に地域で日々かかわること，支えることの大変さを十分に理解していることを伝えることが大切となる。つまり，個別事例

のために専門職がいるのではなく，地域住民にもきちんと向き合い，そのことを伝えることが求められる。地域住民は，「自分たちの苦労をわかってくれているのか」「専門職はどちらの味方なのか」「自分たちに困難事例を押しつけようとしているのではないか」といったことに敏感である。ワーカーが事例への支援のパートナーであることを認識してもらえたとき，初めて地域との連携と協働が可能になる。

　第3は，地域における支援を要する事例が好転するか，悪化するかという変化に地域住民の関心は向けられている。このことは，「共存」と「排除」のどちらが前面に出るかにも大きな影響を与えることになる。まず，いきなり地域の協力を得ようとするのではなく，専門職が責任を持ってきちんとかかわっていることを知ってもらうことによって安心感をもたらすことができる。訪問した際の近隣への声かけの内容も重要な意味を持つことになる。その上で，個人情報に配慮しながらも，事例が良くなっているという前向きな変化のタイミングをつかんで近隣にアピールしていくことが「共存」に転じるための1つの方策となる。これが本人と近隣との関係づくりや関係の質を変えていくための契機ともなる。

　第4として，事例の本人と地域住民とは，数十年にわたるつきあいがある場合もあるだろう。すべての事例は，それまでの関係やいきさつを引きずっている。本人の状態が悪化してから，専門職が介入して地域での支え合いや見守り等を強調しても，関係がこれまでの延長線上にある限り，システムはそう簡単には変わらない。したがって，一時の表面的な関係やシステムの力動にとらわられるのではなく，過去からの経緯をふまえて，立体的に地域関係やシステムを理解する視点が求められる。

　第5に，支援を要する事例に対する解決力を向上するという視座は，地域住民を活用するという発想ではなく，地域住民と協働で働きかけること自体が地域福祉の推進につながるものでなければならない。これが，地域を基盤としたソーシャルワークで強調される，1つの事例が地域を変えるという発想である住民にとって近隣の事例にかかわるということは，自分もしくは自分の地域生活に目を向けることになる。自分の老後やその後の地域生活について考えること，他にも地域にニーズのある人たちがいることや地域ぐるみの支え合いが必

要であることに気づくこと，さらには地域組織や住民自治のあり方について洞察すること等々である。これらの過程に専門職としてかかわり，住民主体の活動につなげていくことが大切となる。

3 連携と協働

　地域を基盤としたソーシャルワークの第3の機能は，「連携と協働」である。社会生活上のニーズに対応するソーシャルワークの宿命として，社会の動きと連動して生起する生活課題の変化に合わせて，ソーシャルワーク実践のあり様も柔軟に変化することが求められる。

　地域を基盤としたソーシャルワークにおいても，求められる実践状況からしても「連携と協働」はきわめて重要な機能として位置づけられる。援助の対象も「マルチシステム」であり，また援助する側も「マルチシステム」であることは，ジェネラリスト・ソーシャルワークの影響を強く受けている。本人を中心として，複数の援助機関，複数の専門職，さらには地域住民等がネットワークを形成し，連携と協働によって援助を提供することは，現代のソーシャルワークの大きな特質であり，またその重要性も増している。

　以下，ソーシャルワーク実践の潮流をふまえ，まず地域を基盤としたソーシャルワークにおける「連携と協働」の特質を整理する。「連携と協働」の遂行にあたっては，地域で展開するケースカンファレンス（事例検討会）はもっとも有効で重要な方策となることから，ケースカンファレンスの活用に向けた基本的視座について整理した上で，地域における「連携と協働」のためのケースカンファレンスの展開に向けた具体的なポイントについて明らかにする。

1) 地域を基盤としたソーシャルワークにおける「連携と協働」の特質
① 本人を中心とした援助
　本人を援助の中核に置き，その個々の状況に合わせた援助システムによって援助を展開することは，ケースカンファレンスが必要とされる大きな要因である。いわば，一人ひとりの状況に合わせたオーダーメイドの援助を志向するこ

第2章　地域を基盤としたソーシャルワーク　51

とを意味するものである。つまり，地域を基盤としたソーシャルワークの理念
である，既存のサービスや制度に本人が合わせるのではなく，本人にサービス
や制度が合わせることになるからである。

　これは，課題解決の主体はクライエント自身であるというソーシャルワーク
の価値に通底する考え方に立脚するものであり，また細分化された課題に対し
て個別に働きかけるのではなく，生活上の多様かつ複数のニーズに対して一
体的に変化をうながすというソーシャルワークの基本的視点に基づくもので
ある。

　これによって，必然的に支援する側の連携と協働が強調されることになる。
本人の「生活のしづらさ」に焦点を当て，その生活上のニーズを総体的にとら
え，そこに対応できる援助システムを形成するためには，専門職とインフォー
マルサポートに関係する人たちがネットワークを組み，共通の視点を持って連
携・協働することが不可欠となる。また，地域での生活課題は複合化している。
疾病，経済的困窮，家族関係，地域との関係等が複雑にからむ場合，特定の機
関の特定の援助者による支援だけで対処できる範囲を超えることになる。

② 多様な参画の促進

　クライエントを中心に据えた援助システムには，地域住民等のインフォーマ
ルサポートが積極的に参画することが求められる。地域を基盤として実践する
ということは，地域の専門職のみならず，地域の力，つまり近隣住民やボラン
ティア，NPO 等によるサポートを活用するという視点が不可欠となる。

　多様な主体と連携・協働することは，決して容易なことではないが，より一
層重視されることになる。この視点が，個を地域で支える援助のみならず，個
を支える地域を作る援助への展開，さらには地域福祉の推進へと展開すること
を可能にする。

③「ネットワーク」の特性を活かした支援

　ソーシャルワーク実践においては，「ネットワーク」の活用がますます強調
されるようになっている。有意義な連携と協働のためには，「ネットワーク」
の特性を活かすことが求められ，またそのことがケースカンファレンスのあり
方にも影響を与えることになる。しかしながら，ネットワークの概念自体が抽
象的であり，実体のあるものとして把握することが容易ではないことがネット

ワークの有効活用を妨げている面がある。加えて，何よりもこのネットワークを活用するのも本人自身であることを看過してはならない。以下，「ネットワーク」が持つ特性と概念を整理しておく。

■ ソーシャルワーク実践における「ネットワーク」が持つ特性

ソーシャルワーク実践における「ネットワーク」が持つ特性について3点から整理する。このことは，ネットワークを活用することの難しさがどこからくるのかについて言及することにもなる。

第1の特性は，ネットワークというものの実体及びその力動が目に見えないことである。つまり，ネットワークによる機能を明確にし，そこで生起しているメカニズムを正確に把握することが難しいということである。このことは，ネットワークを構成するメンバー間でネットワークの意義や機能，力動等を共有することが容易ではないことを意味する。さらに，ネットワークが持つ広範な機能も合わさって，「ネットワークで取り組む」といえば，なんとなくうまく説明した印象になってしまい，結果的に責任の所在をあいまいにしてしまうという事態を招くことにもなる。意図的でなくても，取り組みの責任を埋没させてしまう側面がネットワークにはあるといえる。

第2の特性は，ネットワークが恒常的に変動することである。ネットワークも1つのシステムであることから，一定の状態や形がそのまま保持されることはなく，ネットワークを構成するメンバーの状況や働きによって常に変化し続ける。この特性は，地域において関係者が一定の固定化されたネットワークを共有して活用することが難しいという面がある一方で，クライエントの状態に合わせて自由自在に変わっていくことができるという特性をもたらすことになる。通常，福祉サービスは固定化され，柔軟性に欠ける傾向にあるが，柔軟性の高いネットワークをうまく活用することによって，クライエントシステムの状態に合わせた形での援助システムとして機能することができる。

第3の特性は，ネットワークとは「状態」でもあり「機能」でもあるという2つの側面を持つことである。これはネットワークに特有の特性である。ネットワークとは，基本的にはいくつかの要素のつながりによる一定の「状態」としてとらえられる。しかしながら，この「状態」は，何らかの「機能」がそこにともなうことによって，初めて維持できることになる。「状態」として維持

第2章 地域を基盤としたソーシャルワーク　53

するためには，それぞれの構成要素が全体として機能すること，そしてネットワーク全体として一定の方向性を持った機能性を帯びることになる。さらに，その「一定の方向性をもった機能性」をソーシャルワーク実践として用いることが求められる。ネットワークとは「状態」でもあり「機能」でもあるという特性が，ネットワークという用語が持つ意味合いを難しくしているということになる。このことによって，ネットワークという用語が使い手の都合のいいように使われたり，あいまいな使われ方をされることにつながっている。

■ ソーシャルワーク実践における「ネットワーク」の定義と目的

　ソーシャルワーク実践におけるネットワークや連携・協働をめぐる動向や，ネットワークの特性をふまえて，ネットワークの定義及び機能について明確にすることが求められる。そのことが有意義なネットワークの構築と活用にむけた取り組みにつながることになる。

　ソーシャルワーク実践におけるネットワークとは何か。その定義を行う際に包含される要素として，(1) ソーシャルワークの目的を達成するための手段，(2) 関係者（関係機関）の「つながり」，(3) 機能としての連携・協働・参画・連帯の遂行，(4) 状態及び機能という特性，の4つと深く関係するものとして提示する。

　第1に，ネットワークの構築とはソーシャルワークの目的を達成するための「手段」となることである。つまり，人と人がつながったり，チームを組んだり，連携や協働によって取り組むといったことが目的となるのではなく，それらを手段として援助者が何を目指し，何を達成するのかが問われることになるということである。ネットワークは諸刃の剣という面も有しており，うまく機能すればたくさんのメリットがある一方で，1つ間違えれば悪影響を与えたり，他のメンバーの足を引っ張るといった弊害が生じる可能性がある。

　第2に，ネットワークが関係者（関係機関）の「つながり」によって構成されることである。当然のことながら，関係者あるいは関係機関のつながりが要素のなかに含まれ，それらが「ネット」のパーツとして「網」を形成するが，それらのパーツが一体となって動き続けることになる。そのつながりの強さやパーツ間の距離も常に変動するものである。

　第3に，ネットワークを組むことによってどのような機能が可能になるのか，

あるいは，どのような機能がより有効になるのかという，機能に関する検討が求められる。当然，広範にわたるが，ソーシャルワークにおける従来からの議論をふまえると，おおむね，連携・協働・参画・連帯という4つの機能に整理できる。つまり，ネットワークを強化することによって，連携・協働・参画・連帯というソーシャルワークの各機能が高いレベルで遂行されることになり，個別支援からソーシャルアクションまでを視野に入れたソーシャルワーク実践全般にかかわることになる。

　第4に，前述したようにネットワークが持つ状態でもあり機能でもあるという特性がある。この特性は，ネットワークの基本的理解と活用においても重要な要素となる。

　以上の4つの要素を包含し，「ソーシャルワークにおけるネットワークとは，関係者のつながりによる連携・協働・参画・連帯のための状態及び機能のことである」と定義する。

2) ケースカンファレンスの活用に向けた基本的視座

　地域で展開するケースカンファレンスとは，地域を基盤としたソーシャルワークの重要な機能の1つとして位置づけている「個と地域の一体的支援」のためのツールでもある。したがって，ケースカンファレンスには個別支援から地域づくりへの地続きの展開という特性を内包する。

　個別支援であろうと地域支援であろうと事例（個）から始まらない実践はなく，また事例（個）に還元されない実践もない。ソーシャルワーク実践においては，課題発生から解決までのプロセスをどのようにたどるかが問われることになる。1つの事例をめぐるカンファレンスの実践において，関係者が意見交換を重ね，地域における事例の位置づけを明らかにしていき，地域課題の解決に向けた動きを作り出していく。こうした関係者の認識や動きを束ねていくことが，地域における「連携と協働」を進める原動力となる。地域で展開するケースカンファレンスとは，まさに人と環境との相互作用を促進するソーシャルワーク実践のためのツールとなるものである。

　こうした特性を持つケースカンファレンスを展開するための前提となる基本的視座として，次の2点について整理しておく。

第2章　地域を基盤としたソーシャルワーク　55

① ケースカンファレンスの多様性

　地域で展開するケースカンファレンスは，その地域の圏域とカンファレンスの参加メンバーにおいて，きわめて多様性に富むものである。このことは，地域や事例の実情に応じてソーシャルワーカーが柔軟に活用できることを意味する。

　ここでいう「地域」とは，本人たちが住まう一定の生活圏域を指すが，人口規模，人口密度，人口構成，交通網，文化圏域等によって圏域の広さは変動する。また，地域を基盤としたソーシャルワークの拠点の設置のあり方も圏域設定の大きな要因となる。

　ケースカンファレンスは，その目的に応じていくつかの組み合わせがある。その類型は，図2-2の「地域で展開するケースカンファレンスとネットワークの目的」で示したように，専門職ベースのケースカンファレンス，近隣やボランティアなどのインフォーマルサポートを含む地域住民ベースのケースカンファレンス，専門職とインフォーマルサポートの担い手（地域住民）の両方で構成されるケースカンファレンスの3つに整理される。図にあるように，これらは，専門職ベースのケースカンファレンスと地域住民ベースのケースカンファレンスの2つの要素が重なる形で概念化される。そのネットワークを活用する目的は，「早期把握・見守りのためのネットワーク」と「専門的援助のためのネットワーク」という指向性をもつことになる。

図2-2　地域で展開するケースカンファレンスとネットワークの目的

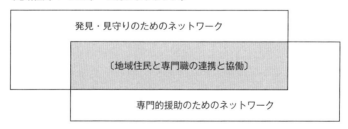

出典：岩間伸之・原田正樹『地域福祉援助をつかむ』有斐閣，2012年，81ページ

緊急性が高い場合や困難事例には専門職による援助システムのウエイトが高まり，早期把握や見守りの機能が必要な場合にはインフォーマルサポートの担い手によるケースカンファレンスとして開催されることになる。事例の動きに合わせて，フォーマル，インフォーマルの社会資源と協働し，援助システムとして柔軟に対応していくことが求められる。一般に，本人のニーズは変わりやすいが，援助は固定化しやすい。それだけに，関係者によるケースカンファレンスによって，関係機関・団体間の合意形成を図りながら，事例の動きに的確に対応できる体制づくりが不可欠となる。

　さらに，図では示していないが，ケースカンファレンスに当事者である本人や家族，近隣住民が参加するかどうかも選択肢となる。近年の福祉実践においては，当事者参加の潮流にあるといえるが，事例の状況やカンファレンスの目的に即して慎重な判断が求められる。

② 事例研究の本質とケースカンファレンス

　地域で展開するケースカンファレンスであっても，事例研究の本質に基づいた開催が求められることはいうまでもない。つまり，単なる話し合いでもなく，事例について意見交換をすれば自動的に適切なアプローチ方法が導き出されるわけでもない。そこで，地域でケースカンファレンスを展開するにあたって，事例研究の本質について若干の整理をしておく。

　ケースカンファレンスとは，事例研究の1つの方法である。地域における支援を要する事例へのアプローチにおいては，きわめて重要な解決策を導き出す方法であり，また複数の援助者や機関との連携と協働のための方法である。また前述したように，個別支援の蓄積を地域づくりに向けて展開する方法としてもその意義は大きい。

　ここでのケースカンファレンスとは，10～15人程度のメンバーが集まって，1つの事例に約2時間かけて実施するという事例研究モデルを念頭に置くものである。ケースカンファレンスにおいて，取り上げた支援困難事例等への具体的なアプローチを適切に導き出すことに向けて取り組むべき内容は，課題発生のメカニズムの分析，今後の援助方針や援助方法を明らかにすること，連携と協働のための体制を明らかにすることの3つに整理できる。

　課題発生のメカニズムは，ケースカンファレンスで明らかにすべき内容の

1つである。事例の困難性をどのように把握して理解するかは、当然ながら今後の働きかけの内容に直結する。課題発生のメカニズムを明らかにする際、集まったメンバーが自分の経験だけに基づいて話したり、思いつきで場当たり的に意見を出すだけでは、あるべき結論には至らない。図2-3は、「ソーシャルワークの価値（理論）と事例研究の位置」について図示したものである。普段、援助者はクライエントに対する働きかけを重ねているが（Aルート）、点線内の事例研究（ケースカンファレンス）では、ソーシャルワークの価値（理論）と擦り合わせながら答えを見つけていく作業でなければならない（Bルート）。換言すれば、このBルートとは「理論」と「実践」をつなぐ装置ともいえる。また、Aルートの実践においては、通常、即刻の対応が求められることになるが、そこでも本来はBルートの回路をたどることが求められるはずである。事例研究とは、日常の実践に活用できる回路を作る作業でもある。具体的には、ケースカンファレンスにおいて、適切な情報提供に基づきながら、「存在」の揺れや不安定さの理解、本人の側からの理解、システムとしての理解などの視点によって、事例における対応困難な課題が発生するメカニズムについて明らかにすることになる。とりわけ、個別支援を「本人のいるところから始める」ためには、本人の側からの理解を深める過程が重視される。

図2-3 ソーシャルワークの価値（理論）と事例研究の位置

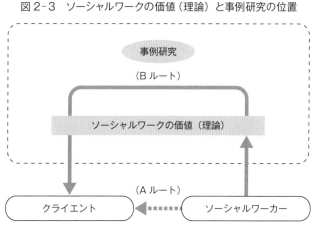

出典：岩間伸之・原田正樹『地域福祉援助をつかむ』有斐閣，2012年，82ページを一部改変

提供された情報に基づいて，課題が発生するメカニズムを本人の側から分析し，そこから今後の援助方針や援助方法を導き出すことになる。事例への具体的なアプローチを導き出すためには，この展開に十分に時間をかけることが求められる。事例の理解やメカニズムが十分に明らかにされていない段階で今後のことを検討するのは，誤った結論をもたらす一因となる。

　さらに，ケースカンファレンスの到達点としての結論，つまり今後の援助方針や援助方法の内容には幅があることを認識しておく必要がある。事例に関する情報や理解が十分でないのに具体的な働きかけまでを無理に結論づけるのは危険である。支援困難事例に関する正しい状況把握と今後に向けての基本方針について，チーム内で明らかにし，次回のカンファレンスにつなげるという判断が求められることもある。

　地域を基盤としてクライエントの生活を支援するために，保健・医療・福祉・司法等の専門職や地域住民，各種組織との連携や協働が求められる。実際，地域における支援困難事例へのアプローチにおいて，その課題の深刻性や広汎性から特定の機関・組織のみで対応可能ということはありえない。この動向は，予防的視点を含んだ地域を基盤としたソーシャルワークの特質でもある。

　しかしながら，地域における連携と協働は，決して容易ではない。各機関や専門職が自分の専門的役割を単に果たせばよいということではなく，援助の共通基盤の上に立ったアプローチを共有し，それに基づいた統一的な実践でなければ連携・協働とはいえないからである。

　地域における連携・協働とは，本人にかかわる援助機関が各専門職の立場から自分の業務を果たすための調整をすることではなく，各専門職としての業務を手段として何を援助するのかという援助目標を共有することが前提となる。地域で展開する連携と協働のためのカンファレンスとは，単なる役割分担であったり，どこかに責任を押しつけるということであってはならない。それぞれの専門的機能を最大限に発揮し，最終的には最善の援助を本人に提供できるものでなければならない。

　こうした専門職間の連携・協働に加えて，地域で展開するケースカンファレンスにおいては多様な地域住民との連携・協働のあり方を模索することになる。そこには，専門職が依拠する共通基盤とはまったく異なる当該地域の生活者と

第2章　地域を基盤としたソーシャルワーク　59

しての論理がある。専門職と地域住民との連携・協働とは，この両者を融合して協働体制を構築する点に難しさがあるが，その営みは地域に新しい支え合いの価値観を創造することにつながるものである。

3) 地域で展開するケースカンファレンスの実践上のポイント

　以上の内容をふまえて，地域で展開するケースカンファレンスの実践上のポイントについて提示しておきたい。いずれも地域を基盤としたソーシャルワークに基づいた具体的な実践方法となるものであり，その中核的機能となる「個と地域の一体的支援」に向けたケースカンファレンスの方法といえる。

① 検討すべき事例をキャッチできる「ルート」の形成

　地域を基盤としたケースカンファレンスを有意義なものにするためには，当該エリアのケースカンファレンスにおいて「検討すべき事例」を地域の関係者がキャッチし，ケースカンファレンスを司る「事務局」にそれらの情報が入ってくる「ルート」を形成することが重要となる。なぜなら，たまたま地域からつながった事例を検討するという単発で場当たり的なカンファレンスの繰り返しでは，「個を支える地域を作る」ためのツールとしてのケースカンファレンスにはなりえないからである。

　ソーシャルワーカー（事務局）は，「検討すべき事例」をキャッチできるしくみづくりを念頭に置きながら，ケースカンファレンスに取り組むことになるが，「ルート」づくりは一朝一夕にできるわけではない。日頃から地域でケースカンファレンスが開催されることを周知するとともに，1つの事例を検討したあと，その事例を地域に戻す際の配慮等々，地道な実践の蓄積が求められる。何よりも，ケースカンファレンス自体において，本人への適切なアプローチを導き出すことが肝要であることはいうまでもないが，カンファレンスの時間や空間において，参加したメンバーが体験したことの意味，つまりカンファレンスの有用性や必要性について共有でき，またその継続した開催が本人を支えるしくみづくりにつながるという前向きな気づきを得ることができるように働きかけることが大切である。有意義なカンファレンスの実施と事例が持ち込まれるルートを拓くことは密接に関係する。

　このルートづくりの具体例をいくつかあげておく。基本的には，ケースカン

ファレンス開催の周知だけでなく，日常的な地域を基盤としたソーシャルワークの実践のなかでルート拡大を狙うことになる。このルートづくり自体が，地域を基盤としたソーシャルワークの機能そのものといえる。

第1には，行政機関やNPO等を含んだ多様なサービス提供機関の担当者との関係づくりである。専門職同士の日頃からの事例をめぐるやりとりのなかで検討が必要な事例があれば，その事例を持ち込めるケースカンファレンスの場があることを伝え，また実際にカンファレンスを重ねながらその有用性の認識を広げていく。これによって，検討の必要な事例が専門職から事務局に入ってくるという流れを作ることができる。

第2には，民生委員や地域ボランティア等の地域活動者との関係づくりである。「個と地域の一体的支援」において，こうした地域活動者の参画は不可欠であり，場合によってはケースカンファレンスの参加者となる可能性もある。一定の圏域内での活動であることもあり，事例を介して地域住民側の担い手たちと関係づくりを進めることは強力なルートとなる。とりわけ，予防的なニーズをキャッチする上でも重要な意味を持つ。

第3には，一般の地域住民との直接的なルートづくりである。一定の圏域内において，身近な地域に専門の相談機関もしくは出先機関（出張所）があることを広報等によって周知すること，また具体的な事例を介して専門職の動きを目の当たりにすることで地域住民が気づきを深めることは，地域を基盤としたソーシャルワークの「個と地域の一体的支援」の基本的アプローチである。このアプローチは，同時にケースカンファレンスに向けたルートを拓くことになる。

第4には，種々の地域活動プログラムとの接点を持つことである。言い換えれば，アウトリーチ先の開拓とそこでの関係づくりといえる。地域のNPOや地域住民が中心となって運営される小地域でのコミュニティカフェや子育てサロン，子ども食堂等の活動やプログラムは，地域の多様な事例をキャッチできる場となる。そこへのサポートを含めた関与によって，関係者の感度を高め，専門的支援を要する事例や予防的な働きかけの必要がある事例をケースカンファレンスにつなぐことができる。

②「事務局」による適切な検討事例の選定

　ルートの開拓を意識しながら，いわゆるケースカンファレンスの「事務局」において地域の多様な事例を把握できるようになると，次はそのなかから検討すべき事例を選定するというプロセスが重要となる。たとえ支援困難事例であったとしても，そのすべてがカンファレンスを要する事例ということにはならない。闇雲にケースカンファレンスで検討するのではなく，ソーシャルワーカーが関与する事務局による専門的判断を介在させ，戦略的にケースカンファレンスを活用することで，「個を支える地域を作る」ための有効なツールとなる。

　専門的判断のための視点としては，まず「予防的事例」の重視があげられる。通常，すでに支援困難な状態にある事例や緊急性を要する事例に目を向けがちになるが，そればかりではなく，このままであれば深刻な事態に陥る可能性のある事例であったり，今からかかわることで次の変化に向けた過程を支えることができる事例を視野に入れることは，早期把握・早期対応の重要なアプローチとなる。緊急性の高い事例だけでなく，ルートをとおしてこうした事例があがってくる流れをケースカンファレンスの蓄積によって作ることが大切である。支援困難事例の検討では，どうしても眼前の事態への対処についての検討に終始しがちになるが，その際にも，こうした事態を未然に防ぐためには何をすればよかったのかという論点も同時に意識することで，事後対応の繰り返しからの脱却につながることになる。地域で実施するケースカンファレンスでとりあげる事例の1つひとつについて，地域の中にある別の事例につながる波及的な効果が見込めるか，引き出せるかという視点もまた不可欠となる。

　また，とりあげる事例について，どのタイミングで検討することが事例にとって有益であるかという専門的判断も重要である。緊急性が高い場合は即刻開催となるが，そうでない場合は，事例をめぐる情報がどの程度収集できているか，本人の心身の状態，本人をとりまく関係者の状況，事例に関係するサービス・制度との関係等をふまえてケースカンファレンスにあげるタイミングをはかることになる。とりわけ，事例が次の変化に向けて動き出すべきときを見極めることも重要となる。

　さらに，地域を基盤としたソーシャルワークの実践としてのケースカンファレンスにおいては，当該事例とその近隣・地域との接点の見極めも専門的判断

の視点となる。どのようなメンバーでカンファレンスを行うかは，カンファレンスの運営はもちろんのこと，その後の展開にも大きく影響する。本人と近隣住民との間に摩擦が高じている場合に，当事者である地域住民の参加を得てカンファレンスを開催することが必ずしも事例にとって有益にはならないこともある。

③ 有意義なケースカンファレンスの実施

個と地域の一体的支援とは「1つの事例が地域を変えていく」という基本的視点に立ち，個別支援と地域支援の両方を絶えず視野に入れながら同時に進めていくことである。個のニーズを充足した後に次は地域へ働きかけるということではなく，個への支援と地域への働きかけが一体的なつながりとなっていることが重要となる。

地域で何らかのニーズを抱えている本人は，その存在自体がすでに地域に何らかの影響を与え，また何らかの影響を与えられている存在なのであり，ソーシャルワーカーが本人への支援によって本人の変化をうながすということは，同時に本人をとりまく地域に波及的な変化をうながしていくことにつながっている。個別支援と地域支援を同時並行で進めるとなると2つのアプローチがあるようにみえるが，やるべきことは，ソーシャルワークでいう本人と環境との接点に働きかけて相互作用関係の変化をうながしていくことであり，結局は統合された1つのアプローチといえる。

ソーシャルワーク実践においては，どのようなケースカンファレンスであっても，本人と本人をとりまく環境の接点を意識して検討することになるが，個と地域の一体的支援のためのケースカンファレンスでは，それに加えて「地域の支え合いのシステムの構築」にベクトルを向けることになる。個と地域の一体的支援のためのケースカンファレンスでは，必ず，本人と地域の両方に焦点を当て，個人の変化と地域の変化が連動するものとして議論される。その際には，まずは本人をとりまく家族や友人，隣近所といった身近な地域が出発点になる。

ケースカンファレンスのなかで，事例の状態が好転していくプロセスを参加者の専門職や地域関係者が共有したり，さらにはその好転に地域住民が寄与することができたという経験，地域住民が本人にかかわった体験の意味を自ら発

見することが，地域の中にある次の事例への展開につながることになる。ケースカンファレンスでの検討が事例の目先の困りごとの解決に直結しない場合でも，こうした積み重ねに大きな意味がある。1つひとつの事例を出発点として，ケースカンファレンスのなかで参加者が共有した体験を地域課題の解決に向けてどのような形で転化し，広げていくかという視点を意識することが求められる。

④ **有意義なケースカンファレンスの蓄積**

　地域で展開するケースカンファレンスでは，本人が暮らす身近な地域で個と地域の両方に焦点を当てたカンファレンスを実施し，それらの事例を蓄積していきながら，生活圏を越えたもう少し広い圏域，あるいはその地域全体の課題に対して，どのようなサービスやしくみが必要かという発想につなげていくことが求められる。年間をとおして地域のカンファレンスで取り上げられた複数の事例の中身を整理し，地域にあるニーズと不足する資源を明らかにしていくということは具体的な根拠に基づいており，蓄積された事例からみえてきたニーズであるという事実が新たな社会資源を創造する契機となるはずである。

　地域のなかに点在する個のニーズを蓄積するなかで地域のニーズを明らかにしていきながら，生活圏を越えた一定の行政区単位で必要なしくみやシステムを創出していき，次の新たな事例が出てきたときに，地域の中に作っておいたしくみやシステムが新たな事例に役に立つというようなサイクルを内包した循環を作ることが求められる。

　このことは当然ながら，絶えず，個と地域を一体的に視野に入れながらのカンファレンスができているがゆえに可能となる。まったく地域を視野に入れないまま，個別支援だけをやっていても地域のニーズはみえてこないだろう。

4　個と地域の一体的支援

　地域を基盤としたソーシャルワークの第4の機能は，「個と地域の一体的支援」である。この機能は，地域を基盤としたソーシャルワークを顕著に特質づける機能である。なぜなら，地域を基盤としたソーシャルワークの定義に包含され

る「個を地域で支える援助」と「個を支える地域を作る援助」という2つのアプローチを同時並行で展開する機能を具体的に示すことになるからである。

地域を基盤とする限り，本人は地域と無縁では存在できない。ソーシャルワーカーによる本人と地域の接点への働きかけは，個別支援から地域支援への架け橋となる。「1つの事例が地域を変える」という実践は，この機能の積極的な遂行によってもたらされる。詰まるところ，個人と環境との相互作用に働きかけるというソーシャルワークの機能そのものを具現化する働きといえる。

1）「個と地域の一体的支援」における2つのアプローチ
―「個を地域で支える援助」と「個を支える地域を作る援助」

この機能は，地域を基盤としたソーシャルワークの定義に包含される「個を地域で支える援助」と「個を支える地域を作る援助」という2つのアプローチを同時並行で遂行するものである。図2-4では，「個を地域で支える援助」と「個を支える地域を作る援助」という2つのアプローチを，それぞれAとBの2つに分けて概念的に示した。この図は，「個と地域の一体的支援」にかかわ

図2-4 「個と地域の一体的支援」における2つのアプローチ

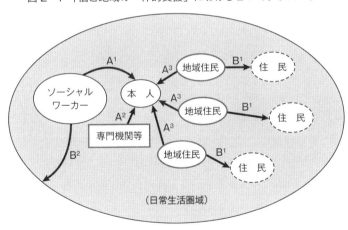

A 個を地域で支える援助
B 個を支える地域を作る援助

出典：岩間伸之・原田正樹『地域福祉援助をつかむ』有斐閣，2012年，42ページ

る要素として、「日常生活圏域」「本人」「ソーシャルワーカー」「専門機関等」「地域住民」「住民」を構成要素として図式化したものである。

　地域を基盤としたソーシャルワークは、本人の地域生活の最前線で展開される実践である。よって、「個と地域の一体的支援」は、本人の住む生活圏域が実践の舞台となる。地域を基盤としたソーシャルワークにおける「地域」とは、本人の生活の場である一定のエリアを示す「日常生活圏域」であるが、実際には基礎自治体の人口規模や人口密度、実践形態等によって変わることになる。「中学校区」「小学校区」「自治会圏域」等、多様なエリアが圏域として設定される可能性があり、また「本人」の生活圏域は一人ひとり固有のものであり、個人差も大きい。また、本人からみた地域の見え方もそれぞれ異なることを念頭に入れておく必要がある。

　ここでいう「本人」とは、当事者のことであるが、正確にいえば、「本人システム」のことである。つまり、当事者である本人と社会関係を有する関係者（家族、親族、近隣等）も視野に入れて対応するすることになる。「本人」は、いわゆる支援困難事例のみならず、予防的支援という観点からの働きかけを要する事例も含まれる。

　図中の「ソーシャルワーカー」が、「地域を基盤としたソーシャルワーク」の担い手であり、いわゆる「コミュニティソーシャルワーカー」を示すものである。つまり「エリア担当のソーシャルワーカー」のことであり、この「ソーシャルワーカー」の実践の拠点がこのエリア内にあることが前提条件となる。ただし、「コミュニティソーシャルワーカー」とは、理念型としての表記であり、あらゆるソーシャルワーカーには「地域を基盤としたソーシャルワーク」の担い手としての働きが求められる。

　図中の「専門機関等」は、「ソーシャルワーカー」が所属する機関以外の専門機関の専門職を指している。これらの機関は、図では簡略化しているが、「日常生活圏域」の内部に位置する場合もあれば、当該圏域の外部にある場合もある。「ソーシャルワーカー」は複数の「専門機関等」による専門的アプローチをコーディネートする機能が求められることになる。

　次に、ここでいう「地域住民」もまた多様である。具体的には、近隣住民、民生委員・児童委員、主任児童委員、地域ボランティア、NPO、市民後見人

等が想定される。地域を基盤としたソーシャルワークの実践の充実に向けては，この「地域住民」によるインフォーマルサポートの担い手の多様化及び広範化が不可欠の条件となる。さらには，破線で示された「住民」は，未確認もしくは潜在化したニーズのある人を概念的に示している。

　図では，「個を地域で支える援助」を (A)，「個を支える地域を作る援助」を (B) として図式化している。この (A) と (B) による援助を同時に遂行するところに「個と地域の一体的支援」の大きな特徴がある。

　「個を地域で支える援助」である (A) のアプローチは，「本人」への支援に直接かかわるアプローチである。「ソーシャルワーカー」が本人に直接働きかけるアプローチ (A^1) を基軸として，「専門機関等」による専門的サービスの提供 (A^2) や多様な「地域住民」から本人への支援 (A^3) が一体となって日常的に提供される。

　そして，(A) のアプローチと同時並行で，「個を支える地域を作る援助」である (B) には，「本人」にかかわった「地域住民」たちがその過程で新たな気づきを得て，地域の他のニーズのある人やその可能性がある人たち（図中の「住民」）に予防的対応を含めて見守りの意識を向けたり，手を差し延べること (B^1) ができるように働きかけたり，圏域内の住民への啓発活動やニーズをいち早くキャッチできるしくみづくり，新しいネットワークを形成するといった圏域全体を視野に入れた働きかけ (B^2) が含まれる。

　この (A) と (B) のアプローチは，時間的経過のなかで相互に関連しながら一体的に展開することになる。それぞれの具体的アプローチの内容については，後述する。

2) 日常生活圏域において援助を展開することの意義

　現代社会において，個人や家族が地域の住民や関係者とかかわり合いをもたずに日常生活を送ることなどできない。都市部では，タワーマンションや若年層向けのワンルームマンション等が例としてとりあげられるように，近隣地域における人間関係の希薄化がいわれて久しい。けれども，近隣に住む人の気配を感じずに生活することなど通常はできない。地域とかかわり合いを持たない生活が不可能であることは，孤立と孤独がさまざまな生活上の課題やニーズを

生み出す原因となることを示唆するものである。

　そもそも，人間は周囲との関係のなかで満たされ，成長するという社会的な動物である。幼少時から家族や友人との関係のなかで涵養され，その対人関係のなかで自分の存在を確認し，自己肯定感が育まれていく。その人間関係の範囲は徐々に広がり，やがて社会的存在として自分の役割と機能を獲得していく。

　また，高度化された社会にあっては，行政，商業，教育，福祉といったように，機能分化が進んでいる。生活を営むためには，そうした機能と複数の接点をもちながら，必要に応じて柔軟に組み合わせていくという難易度の高い生活上のスキルが求められる。個人生活上，必須となるこれらの機能との断絶は，自立した個人生活の破綻を招くことになる。

　このように個人生活と地域社会は，きわめて密接な関係にある。この密接な関係というのは，双方向性の関係を持つ。つまり，地域の環境が個人生活に影響を与え，反対に個人の存在は身近な地域の環境にも影響を与えるということである。こうした個人と地域とを切り分けできないものとして一体的にとらえる視点は，地域を基盤としたソーシャルワークにおいても非常に重要な視点となる。個人や家族の課題解決に向けた取り組みは，当事者である個人や家族の変化だけでなく，同時に当事者たちと接点をもつ環境の側の変化も並行してうながすことになる。

　地域を基盤としたソーシャルワークの実践においては，日常生活圏域に拠点を置く「エリア担当のソーシャルワーカー」と，ここで生活を営む地域住民たちが連携・協働することになる。地域住民が住むところを拠点として援助を展開することで生じる特性とは何か。

　図2-5は，「日常生活圏域」における生活とワーカーの位置について図式化したものである。「日常生活圏域」における生活とは，当然のことながら，その地域の風土，歴史，文化，習慣等の影響を受けながら，またそれらと折り合いをつけながら営まれるものである。図では，それを右上から左下に流れる「川」としてイメージ化し，「本人の生活」をその流域上に置いている。

　そこでの「地域住民」から「本人」への働きかけは，「本人」が営む個人生活と同じ「流れ」のなかで提供されることになる。つまり，その土地固有のしきたりや慣習，ルール，住民の価値観等のなかで支援が提供されることを意味

する。「地域住民」によるサポート活動は,「日常生活圏域」における生活の延長線上に位置づけられ,エコシステムとしての地域という固有の文脈のなかで支援活動が提供されることになる。このことは,その流域外からの専門職等による援助にはみられないサポート活動の特性であり,強みといえる。

　一方,専門職である援助者は,通常,制度に基づく存在として位置づけられる。図の左上から右下に流れる「川」を「社会(制度)」としてイメージ化し,その流域上に「ワーカー(援助者)」を置いている。そして,それを「社会(制度)」の流域上に置くだけでなく,「日常生活圏域」と交差するところに位置づけることによって,本人が生活するところを拠点として援助を展開することに重要な意味をもたらす。地域を基盤としたソーシャルワークの担い手である援助者の専門性とは,図にあるように「社会(制度)」の側から「日常生活圏域」の側に移動し,そこでの固有の文脈のなかで発揮されるところに大きな特徴がある。本書では,アウトリーチの定義として,「できる限り本人の生活の場に近いところへ出向いて援助を展開する実践の総体である」(本節1の3))としているが,ここでいうアウトリーチとは「本人の生活の場に近いところ」,つまりは本図における「日常生活圏域」の「流れ」の側に出向き,そこで援助を展

図2-5　日常生活圏域における生活の潮流とワーカーの位置

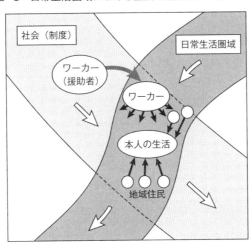

出典:岩間伸之・原田正樹『地域福祉援助をつかむ』有斐閣,2012年,44ページ

第2章　地域を基盤としたソーシャルワーク　69

開することと説明できる。

　この点に地域を基盤としたソーシャルワークの特質がある。当事者である本人が課題解決の主体である限り，またその解決を本人の住まう地域を拠点とする限り，ソーシャルワーカーが日常生活圏域を拠点とすることはきわめて意義のあることといえる。

3)「個を地域で支える援助」における具体的アプローチ（図2-4参照）
①「ソーシャルワーカー」による「本人」へのアプローチ（A¹）

　「個を地域で支える援助」においては，ソーシャルワーカーが直接本人に働きかける（A¹）のアプローチが基軸となって展開される。このアプローチには，まず本人と向き合い，援助関係を形成し，その関係をとおして本人が自分のニーズや生活課題を直視できるように働きかけ，さらに本人が主体となって取り組むという本質的な働きかけが求められる。必然的に，ソーシャルワークの価値に基づく実践が色濃く反映されることになる。

　エリアを担当するソーシャルワーカーには，後述する（A²）と（A³）のアプローチを一体的に束ねてコーディネートするという地域での司令塔としての役割が求められる。（A¹）は，その前提であり，出発点でもある。基軸であるがゆえに，このアプローチが適切でないと，その後の地域との接点への働きかけ，つまり（A²）と（A³）によるアプローチは容易ではなくなる。

②「専門機関等」によるアプローチ（A²）

　「地域を基盤としたソーシャルワーク」の理念の1つは，多様な担い手の参画をうながす点にある。さらに，本人を制度に合わせるのではなく，本人に制度が合わせていくことが求められる。そのためには，まず（A²）で示した「専門機関等」との連携と協働，そしてネットワークによる支援が求められることになる。

　「専門機関等」は，制度に基づいたいわゆるフォーマルサービスのカテゴリーに入る担い手である。「個を地域で支える援助」には，各種専門機関等からの専門的な援助も重要な構成要素であり，地域における重要な社会資源の1つとして位置づけられる。基本的には，法令で規定された対象別，課題別の専門特化した固有の役割を担うサービスであることが多い。また，図2-4では生活

圏域内に位置しているが，場合によっては広域に設置された機関から専門的援助の提供を受けることになる。権利侵害事例や緊急を要する事例等，専門性の高い判断や援助が求められる場合には，「専門機関等」による（A^2）の比重が高くなる。

（A^1）と（A^2）の連携や協働は，（A^3）の有効なアプローチに大きな影響を与えることになる。その実践のあり方については，本節「3 連携と協働」で示している。

③「地域住民」によるアプローチ（A^3）

個と地域の一体的支援において，（A^3）のアプローチはきわめて重要な意味を持つ。なぜなら，多様な地域住民によるインフォーマルサポートとしての本人に対する支援は，「個を支える地域を作る援助」（B）に向けた架け橋となるからである。

ここでは，象徴として「地域住民」という表記を用いているが，多様な担い手を想定している。本人の近隣に住む住民，民生委員，地域ボランティア，住民主体の NPO，コンビニの従業員や新聞配達員等々のすべての地地域住民や地域関係者が視野に入ることになる。支援に参画する「地域住民」は，最初から固定されているのではなく，「個を地域で支える援助」をれぞれの立場や思いのなかで展開するなかで気づきを深め，担い手を増やしていくことになる。

（A^3）のアプローチはきわめて多様であるが，さらにそのアプローチは創造的に開発されていく面もある。その具体的な働きかけを導き出していくポイントについて，以下整理しておく。

第1には，本人の住む地域を基盤とした実践は，「地域住民」が見ているところで取り組むことになることを意識しておくことである。（A^3）のアプローチとは，地域住民から本人への具体的な働きかけだけでなく，地域住民がソーシャルワーカーの動きを「見ている」ことも意識しておかなけれなばならない。地域住民の気づきは，そこから始まっている。

第2には，ソーシャルワーカーには，本人への支援に必要な内容と地域住民が担える支援内容の見極めが必要となることである。つまり，基軸となる（A^1）が重要となるということであるが，本人にとって必要のない支援を押しつけることになったり，誤った支援が本人の状態をさらに悪化させることになりかね

第2章 地域を基盤としたソーシャルワーク　71

ない。また，本人のニーズに対して，地域住民が担える支援内容の十分な吟味も求められる。そうでないと地域住民に過度の負担をかけることになる。

第3には，担い手となる地域住民の個別の事情を慎重に見極めた上での働きかけが求められることである。当然ながら，地域住民にはそれぞれ個別の生活があり，地域への思いは一様ではなく，また複雑である。誰もが同じ担い手になることではなく，担い手の多様性のみならず活動の多様性があることが大切となる。支援を要する本人やその世帯とのこれまでの人間関係やその居住環境，地域住民の側の役割や地域活動の内容，地域関係者の仕事内容等を鑑みて，それぞれの地域住民が何をどこまで担えるかの可能性についての判断が必要となる。その上で，地域住民による本人への具体的アプローチをサポートしていくことになる。なお，担い手となる地域住民はそれぞれ個別の事情があり，現実の生活を営むなかで担い手としての役割も担うことになる。担い手となる地域住民に対して，ねぎらいと共感を適切に示していくことが大切である。

④ プラスの変化を見せる　意識化する

「本人」の状態が好転することがなければ，ソーシャルワーカーを含めた専門機関等への地域住民の信頼が蓄積されることはない。また，1つのつまずきや失敗が後々まで尾を引くことも少なくない。

加えて，その過程においては，担い手である地域住民へのフィードバックが重要な意味を持つ。地域住民からの働きかけによって，本人が変化していることを明確化し，担い手である地域住民自身が効力感や有用感を感じることが新たな展開に向けた素地となる。

4)「個を支える地域を作る援助」における具体的アプローチ
① 地域の新たな事例やニーズの発見と働きかけ (B[1])

「本人」への働きかけをとおして，同じ地域に支援を要する「住民」がいることへの気づきをうながすことがソーシャルワーカーに求められる。それはインフォーマルサポートの担い手である地域住民の視野の広がりを促進することといえる。その際，高齢者の介護や支援，子育てという特定の領域内に完結するのではなく，「生活のしづらさ」という観点から，領域を越えた気づきをうながすことは「広がり」を促進するという意味でも重要となる。

72

その気づきとは，「私たちにもできることがあること」「もっと早く専門機関につないでおけば，ここまで大変なことにはならなかったこと」「今回の事例だけでなく，他にも似たような事例があること」等々である。こうした気づきが予防的支援の伏線となっていく。

この地域の新たな事例やニーズの発見と働きかけの前提にあるのは，それぞれの地域住民が自身の暮らしについての洞察を深めることである。他人事ではなく自らが住まう地域に意識を向け，自分のこととして考える動機を提供することになる。つまりは，(B) のアプローチとは，生きた素材を用いた福祉教育の場ともいえる。

② 日常生活圏域全体を視野に入れたサポート体制の拡充 (B^2)

(B^1) は，(A^3) による「本人」へのアプローチから直接展開されるものであるが，さらに同時に日常生活圏域全体を視野に入れたアプローチも重要となる。その内容は多岐にわたるが，大きくは次の2点に集約できる。

第1には，「組織化活動」に向けた助走である。まず，(A^3) よって得られた気づきを地域住民同士で共有できるように働きかけることである。たとえば，孤立死が頻発する団地において，近隣住民が「この先不安よね。今から何かできることはないかしら」という気づきが自分だけでないことを実感できることは，住民同士の連帯感を醸成し，次の展開に向けた素地となるものである。また，前述したように，「地域住民」といっても，近隣住民，民生委員，地域ボランティア，NPO 等多様である。そうした多様な「地域住民」間のつながりや連携の強化を図ることも重要な働きかけとなる。さらには，(A^2) による専門職と円滑な協働ができるように働きかけることによって，今回の当該事例への支援を次に活かすための体制整備につながることになる。

第2には，(A^3) に直接関与していない地域住民への伝播である。「本人」が今後かかわる可能性がある人への働きかけと地域住民への啓発活動である。自分たちの住む地域における好事例の紹介は，地域における活動の活性化をもたらす契機となる。

5 予防的支援

　地域を基盤としたソーシャルワークの第5の機能は,「予防的支援」である。地域を基盤としたソーシャルワークの特質を反映する機能といえる。なぜなら,予防的支援は地域住民との協働によって初めて成り立つからである。地域を基盤としたソーシャルワークの第1の機能であった「広範なニーズへの対応」は,ソーシャルワーク実践の対象を広げることを示唆するものあるが,そこには予防的ニーズを視野に入れている。

　以下,ソーシャルワーク実践における予防的支援の意味について整理した上で,地域を基盤としたソーシャルワークにおける予防的支援の展開について明らかにする。

1) ソーシャルワーク実践における予防的アプローチの意味

　ソーシャルワークにおける予防的アプローチは,古くて新しいテーマである。かつて岡村重夫は,地域福祉の構成要素として,コミュニティ・ケア,一般地域組織化,福祉組織化,予防的社会福祉を示した。この「予防的社会福祉」について,岡村重夫は,社会生活上の困難の「発生予防」のみならず社会生活の積極的な改善をも目的とすること,そしてその対象は個人だけでなく,住民全体をも含むと言及している[2]。

　しかしながら,社会福祉における予防的な取り組みは,重視されながらも必ずしも目的意識を持って積極的に取り組まれてこなかった機能である。それが総合相談,地域包括ケア,虐待対応等の実践レベルで予防的観点が強調されるようになっている。こうした一連の動向においては,課題解決やニーズ充足に際し,地域住民を含めたインフォーマルサポートの積極的な関与が想定されている。そのことは,早期把握・早期対応を含んだ予防機能を重視した社会福祉へのパラダイム転換を意味するものである。

　振り返ってみれば,福祉制度の運用を中心に置いたわが国の社会福祉は,申請主義を背景とした「事後対応型福祉」という傾向が強かった。つまり,専門職等による何らかの支援が必要となる深刻な事態に陥ってから対応が開始され

74

るということである。その場合，本人へのダメージは大きく，また援助する側も多くの労力を要することになる。

　ソーシャルワーク実践には，「事後対応型福祉」からの脱却を図り，「事前対応型福祉」への転換を視野に入れた予防的アプローチの推進が求められる。ソーシャルワーク実践における「予防的支援」は，ソーシャルワークの重要な機能として位置づけられる。早期把握・早期対応によって，深刻な事態に陥ることを未然に防ぐというアプローチは，後述する「7 権利擁護活動」における「予防的権利擁護」の視座からも重要な意味を持つ。子どもや高齢者，障害者等への虐待に対して適切に対応するだけでなく，その虐待自体を未然に防ぐという働きかけは，優れた権利擁護の取り組みとなる。子育ての不安や介護の負担は，ある日突然にやってくるわけではない。

　ソーシャルワークにおいて予防的アプローチを活性化するためには，ソーシャルワーカーの新しい実践枠組みを志向した意識改革が求められる。目前のクライエントへの個別支援に終始するだけでなく，そこを起点として近隣住民の気づきを促進し，福祉力の向上に向けた取り組みが重要となる。また，同時並行で，個別支援を視野に入れた地域福祉の基盤づくりへのアプローチも不可欠である。「事前対応型福祉」の推進のためには，これらを可能にするシステムが必要となる。そこには，発見と見守りの機能を有する地域住民の参画，地域住民と専門職が協働できる体制づくり，そしてソーシャルワークにおける予防的支援のための方法と評価の明確化などが含まれなければならない。

　ソーシャルワークが対象としてきた領域は，もはやソーシャルワークだけの聖域ではなく，また新しい実践領域の拡大も不可避の状況にある。予防的アプローチを基軸においたソーシャルワークの専門的機能の開発とその提示は，新しい活路を拓くことになるはずである。

2）地域を基盤としたソーシャルワークにおける予防的支援

　これまでのソーシャルワーク実践においては，本人もしくは周囲からの訴えを受けて援助者が動き出すという傾向が強かった。深刻な状態に陥ってから課題が把握され，結果的に対応が後手にまわる場合が多くなる。その場合，本人のダメージは大きく，また援助の選択肢も狭まって保護的な援助にならざるを

えなくなる。

　地域を基盤としたソーシャルワークにおいては，ソーシャルワーカーが総合相談の担い手として，日常生活圏域を拠点としながら，地域住民との協働によって，早期把握，早期対応，見守り，健全状態の維持のアプローチを遂行することになる。この予防的支援により，援助の選択肢が広がり，クライエント側に立った有意義な援助が展開できる可能性がもたらされる。

　事例が深刻な状態に陥る前の段階において，たとえ緩やかであっても悪化傾向が続いている事例やその兆しを確認できた事例に対して，早期に対応するという働きかけは，予防的アプローチの基本型といえる。何の前触れもなく唐突に支援困難な状態に至るわけではないからである。

　ただし，早期把握のためには，早期把握のための「しくみ」が必要となる。地域において早期把握すべき事例を専門職だけでキャッチするのは不可能である。したがって，地域住民等の協力と参画が不可欠であり，そのための「しくみ」を作る取り組みが必要となる。そこでは，地域住民からの情報収集だけでなく，多様な地域住民たちが参加できる集いの場づくりや地域生活に身近なところでのネットワークづくり，専門職によるアウトリーチのための拠点づくり等が求められることになる。また，地域ケア会議等において専門職等への意識喚起を日常的に積み重ねていくことも重要となる。

　「早期把握」のあとに「早期対応」が続くことで初めて意味を持つ。「早期対応」とは，当該事例の安心と安全が確保され，さらに良好な状態を含んだ「健全域」にまで早急に引き上げることを意味する。安心・安全が確保されない状態，最低生活が保障されない状態，権利侵害が認められる状態を指す「不健全域」は，さらなる支援困難に陥る温床となる。それも長くなればなるほどダメージは深くなり，リカバリーに時間を要することになる。

　地域を基盤としたソーシャルワークにおける予防的支援は，具体的には4つのアプローチに整理できる。それらのイメージを図2-6で示した。右向きの長い矢印が時間軸を示している。その上部が「健全域」，下部が「不健全域」を示しており，上部に行くほどより健全になり，下部に行くほど不健全になること意味している。

　以下，この図を用いながら，4つのアプローチの概要についてとりあげる。

① 早期把握

　早期把握のアプローチは，当然ながら予防的支援の基本となる。図にあるように，不健全域にある事例でありながらも，深刻になる前の早い時点で発見する機能である。そこから，それ以上不健全な状態に陥らないように，手立てを講じることになる。

　早期把握の中心的担い手は，地域住民である。地域住民が高い意識を持って近隣住民に目を向け，その「変化」に気づくことが求められる。この意識化は，一朝一夕にできるものではなく，地域において1つの事例をワーカーと地域住民が協働で対応するといった体験を蓄積することや，広く地域住民向けに講演会やシンポジウムを定期的に開催することも有効となる。

② 早期対応

　早期対応のアプローチは，早期把握に基づく具合的な予防的支援となる。図にあるように，この機能は不健全域にある事例を健全域にまで移行させることである。その内容によって，専門職がかかわる程度に差異が出ることになる。

　予防的支援としては，重篤になる前にできるだけ早く健全域に移行させることで，事例のダメージを少なくし，不健全域に戻ることなく，より健全なほうに方向づけすることができる。ダメージを回避することで，本人が健全域に向かう歩みを支えることは，予防的支援の重要なポイントとなる。

　個別支援の過程においては，支援困難であるかどうかにかかわらず，すべての事例において「変化」を支えることが援助者に求められることになる。この

図2-6　予防的支援のための4つのアプローチ

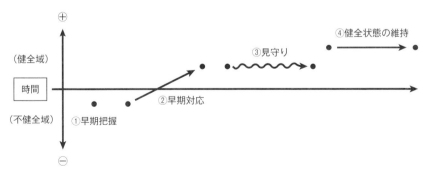

出典：岩間伸之・原田正樹『地域福祉援助をつかむ』有斐閣，2012年，126ページ

第2章　地域を基盤としたソーシャルワーク　77

観点からすると，支援困難事例とは，その「変化」が健全に移行できなかった状態にあるということになる。これが，「6 支援困難事例への対応」の2）で後述する3つの発生要因の1つである「不適切な働きかけ」に含まれるパターンである。

　したがって，予防的アプローチとしては，たとえば疾病の予後や障害等の変化，家族構造の変化を含めた各種ライフイベントの動きを視野に入れつつ，本人の意向や内面の変化を把握しながら，いわば先手を打ちながら対応することが大切となる。「価値」へのアプローチで示したように，ここでは「変化」の先に新しい安心があることを本人が見出せるように働きかけることが重要な視座となる。

③ 見守り

　見守りのアプローチは，積極的な経過観察を遂行する機能である。この機能は，健全域の状態にある事例を，図2-6の波線が意味するように，事例の状態に若干の不安定さがあっても不健全域にまで落ちることなく，健全域内で推移するように経過観察することである。

　「見守り」とは，当然のことながら本人を監視することでもなく，遠くから観察することでもない。その過程に関係者による積極的かつ適切な働きかけがともなわれることが求められる。その関係者とは，地域住民やボランティア，専門職，場合によっては家族・親族も含まれ，その人たちによって適切な安否確認や声かけがなされることになる。これは，地域を基盤としたソーシャルワークと地域福祉の基盤づくりとの接点に位置する重要な機能といえる。

④ 健全状態の維持

　最後の4つめのアプローチは，健全域にある事例をそのまま健全状態を維持できるように働きかけることである。ここでの事例は多岐にわたる。課題やニーズがあってもさまざまなサポート体制によって継続的かつ安定的に良好な状態が維持できている場合，周囲からの特段のサポートがなくても地域生活が健全に保てている場合，さらには将来の何らかの変化への対応が予想されるものの現時点では課題がない場合が考えられる。

6 支援困難事例への対応

　地域を基盤としたソーシャルワークにおいては，前述したように予防的支援はきわめて重要な特質といえる。しかしながら，その一方で，地域における，いわゆる「支援困難事例」がなくなるわけではない限り，支援困難事例への対応は不可避である。

　支援困難事例への対応は，地域を基盤としたソーシャルワークにおいて強調される「事前対応」でなく，支援困難に至った「事後対応」といえる。したがって，地域を基盤としたソーシャルワークにおける支援困難事例への対応とは，事後対応から事前対応への転換を視野に入れることになる。また，支援困難事例への対応は，特別な方法があるわけではなく，本質的には対人援助の本質，つまりはソーシャルワークの価値が問われることになる。

　「支援困難事例」の種類はおそらく無数にある。しかしながら，支援困難事例がどれだけ多種多様であっても，それらへの働きかけの「根拠」となるものはいくつかに限られる。換言すれば，その「根拠」を意識して働きかけることができれば，あらゆる支援困難事例に対応できることを意味する。この根拠こそがソーシャルワークの価値である。

　支援困難事例に対してどのように働きかければよいのか。支援困難事例へのアプローチを深めていくプロセスは，同時にそのアプローチを導き出す「根拠」を問うことになる。それぞれの事例に対し，それぞれ特別な方法があるわけではない。実践の「根拠」となるべき「価値」に基づいた援助，つまりは原理・原則に基づいた正攻法の実践が求められるだけである。支援困難事例だからこそ，ごまかしのきかない本物の援助の力量が求められるといっても過言ではない。

　支援困難事例への対応は，結局のところ，対人援助の根拠となる「価値」，さらにいえば「人を援助すること」とは何かという援助の本質と向き合うことを意味するのである。すなわち，支援困難事例ではない事例も含めたあらゆる事例へのアプローチに共通する援助の本質に目を向けることになる。

第2章　地域を基盤としたソーシャルワーク　79

1）「支援困難事例」の特性を考える
──「支援困難事例」をとらえることの難しさ

　そもそも「支援困難事例」とは何か。ワーカーにとって，支援困難事例との遭遇は日常的なことであるにもかかわらず，この問いに的確に答えることは容易ではない。支援困難事例をとらえること，つまりは支援困難事例を客観的に対象化し，説明することはなぜ難しいのか。

　その理由として，次の3つを示しておく。これらの内容は，支援困難事例の特性を強く反映するものである。

　第1の理由は，困難事象の多様性にある。一口に支援困難事例といっても，専門職として対応に苦慮する事象や場面は，きわめて多種多様である。虐待事例からサービス拒否，家族関係をめぐる問題，近隣住民とのトラブル，判断能力が不十分な人への対応等，その内容，原因，困難の程度は多岐にわたっている。それだけに，支援困難事例を種別ごとに整理したり，一定の枠のなかに収めて系統立てて把握することは容易ではない。また，一定の枠にはめてしまうことによって，その枠からはみ出る事例を生み出してしまうことにもなる。

　第2には，困難さを呈する事象と原因の複合性にある。支援困難事例の特徴は，複数の困難事象が重なることによって，その相互性からさらに困難さが増幅するところにある。たとえば，介護に困難さがともなう事例の場合，その状況で経済的困窮が重なれば困難さは大幅に増すことになるし，さらに近隣住民との人間関係上のトラブルが上乗せされると，その困難さは一気に増幅することになる。このことは，困難さをもたらす原因と結果の関係が直線的ではなくなることも意味する。どちらの要素も原因であり，どちらも結果であるということになり，原因と結果は円環的な性格を持つことになる。介護の困難さも経済的困窮も地域とのトラブルもすべて，原因でもあり結果でもあるということである。それだけに，全体的な力動性という視座から事例をとらえる必要がある。

　第3の理由は，ワーカーが困難さをもたらす要因となっている場合が少なくないことである。対人援助の観点からはきわめて重要な論点となる。事例自体が固有に持つ困難性だけでなく，その困難さを生み出している原因は，ワーカー側にあるのではないかということである。ワーカーの不適切な対応が支援困難

事例を生み出し，さらに状態を悪化させている場合があることを認識する必要がある。支援困難な状態に至ってから何年も経過している事例，当該事例に長くかかわりを持ちながら支援困難に至ってしまった事例などはその代表例である。支援困難な状態にありながら長期にわたり改善できていないということであり，支援困難に至る兆候がありながらそれを未然に防ぐことができなかったことを意味するからである。当然のことながら，そこではワーカーの専門性が問われることになる。したがって，〈支援困難事例と向き合う〉とは，必然的にワーカー自身の実践と向き合うことになる。

　さらに，ワーカーとしての立ち位置やそこでの専門性という観点から，支援困難事例をめぐってはいくつかの論点があることも看過してはならない。そもそも「誰が困難を感じているのか」という議論もその1つである。つまり，困難を感じているのは，本人なのかワーカーであるのかということである。「ワーカーが感じる困難」を事例をとらえる入口とするだけでなく，「本人が感じる困難」から事例をとらえることによって，「支援困難事例」の認識枠組みが精査されるはずである。また，専門職であるならば，支援困難であってもそうでなくても，しっかりと結果を出さなければならないはずであるという議論もある。専門職としての使命として，あらゆる事例に対して全力で対応しなければならないはずであるから，支援困難事例とそうでない事例を切り分けること自体がナンセンスであるということである。

2) 支援困難事例の3つの発生要因と4つの分析枠組み

　前述で示した支援困難事例をめぐる特性をふまえ，支援困難事例の分析枠組みを導き出すために，支援困難事例の発生要因という視点から整理し，枠組みを提示する。

　支援困難事例は，①個人的要因，②社会的要因，③不適切な対応の3つの要素が深く関与して発生しているというものである。表2-3において，それらの内容及び例を一覧にして示した。

　第1の要因は，「個人的要因」である。その発生源が個人（本人）の側に帰属する場合の要因である。まず，本人の精神的な面に関与するものがここに含まれる。強い不安，精神的不安定，気力・意欲の低下等があげられる。存在自体

第2章　地域を基盤としたソーシャルワーク　81

表 2-3　支援困難事例の 3 つの発生要因

発生要因	内　容
個人的要因	▶発生源が個人（本人）の側に帰属するもの 例・強い不安，精神的不安定，気力・意欲の低下 　・判断能力の低下や不十分さ 　・社会規範から逸脱した強いこだわり 　・各種疾病，各種障害
社会的要因	▶発生源が社会（環境）の側及び関係性に帰属するもの 例・生活苦，生活環境の悪化，家族等の疾病・障害 　・社会資源（サービス，法制度等）の不足 　・家族，親族との不和・虐待等，近隣住民とのトラブル，職場・学校での排斥 　・地域の偏見や無理解，地域からの孤立・排除
不適切な対応	▶発生源が援助者側の不適切な対応にあるもの 例・援助者主導の援助，本人の意思や意向の無視 　・本人の主体性が喚起されないかかわり 　・援助関係の形成不全 　・不十分な連携と協働，ネットワークの機能不全 　・本人を取り巻く環境への不適切な働きかけ

出典：岩間伸之「困難事例とは何か―3 つの発生要因と 4 つの分析枠組み」『ケアマネジャー』11（9），2009 年，109 ページ

　に不安や不安定さを抱えている場合も多い。加えて，判断能力の低下や不十分さ，社会規範から逸脱した強いこだわりも発生要因の 1 つであり，不適切な対応を招く要因にもなりうる。さらに，多種多様な疾病や障害等も発生要因として位置づけられる。

　第 2 の要因は，「社会的要因」である。その発生源が本人をとりまく社会（環境）の側及び本人をめぐる関係性に帰属する場合の要因である。生活苦や生活環境の悪化は困難さを誘引することになり，また本人と身近な家族等の疾病・障害も力動上において支援困難事例の大きな要因となりうる。それらに対応できるサービスや法制度等の社会資源が不足した場合には，相乗的に困難さが増すことになる。家族・親族との不和や虐待，近隣住民とのトラブル，職場・学校での排斥等々，周囲との不健全な関係や社会的排除は，それ自体が困難性をもたらす可能性がある。加えて，地域の偏見や無理解，地域からの孤立・排除もまた支援困難事例の発生要因となる。

第3の要因は，「不適切な対応」である。その発生源がワーカー側による不適切な対応，つまりかかわりのまずさや働きかけが不十分な場合に発生要因となる。このことは，前述したように，ワーカーの側が支援困難事例を作りだしていることを意味する。ここに含まれる要因は，いずれも対人援助の原理・原則から逸脱したものである。ワーカー主導の援助，あるいは本人の意思や意向への無関心や無視，本人の主体性が喚起されないかかわりといった本人自身へのアプローチに関するもの，さらに援助関係の形成が十分でない場合，ワーカーによる連携や協働が不十分な場合，ネットワークやチームアプローチが機能不全を起こしている場合，本人をとりまく環境への働きかけが不適切な場合等が含まれる。

　以上の3つの発生要因は，それぞれの要因が単発で支援困難事例に陥るということではなく，これらの要因が重なるところに支援困難事例が発生する。これが支援困難事例を構造的に理解するための重要なポイントとなる。

　図2-7においては，3つの発生要因に基づく4つの分析枠組みを示した。この分析枠組みは，3つの発生要因の重なり具合によって分類したものである。図から明らかなように，第Ⅰ類型（個人的要因＋社会的要因），第Ⅱ類型（個人的要因＋不適切な対応），第Ⅲ類型（社会的要因＋不適切な対応），第Ⅳ類型（個人的要因＋社会的要因＋不適切な対応）という4つの類型として示される。

　以下，各類型ごとの支援困難事例をパターン例としてとりあげ，3つの発生要因をそれぞれ示しながら，4つの分析枠組みについて概観する。

〔第Ⅰ類型〕個人的要因＋社会的要因
■本人は，独居で軽度の認知症がある（個人的要因）。認知症に関する近隣住民の理解が十分でない（社会的要因）。その結果，住み慣れた家に住み続けたいという本人の意向に反して住民が施設入所を強く求め，両者間に葛藤が生じた。
■本人は，アルコール依存の傾向がある（個人的要因）。同居の妻が倒れて緊急入院となった（社会的要因）。その結果，本人はさらに精神的に不安定になり，飲酒量が増え，近隣住民に罵声を浴びせる等の言動がみられるようになった。

第2章　地域を基盤としたソーシャルワーク　83

図2-7 3つの発生要因に基づく4つの分析枠組み

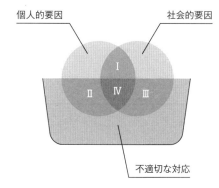

出典:岩間伸之「困難事例とは何か―3つの発生要因と4つの分析枠組み」『ケアマネジャー』11(9), 2009年, 18ページ

〔第Ⅱ類型〕個人的要因＋不適切な対応

■本人は,脳梗塞による右完全片麻痺(個人的要因)。ワーカーは,機能回復を目指してリハビリを強く推奨(不適切な対応)。その結果,本人はつらいリハビリを続けても一向に回復の兆しがみられない状況に落胆し,サービスを一切拒否して閉じこもってしまった。

■本人は,重度の知的障害があり意思疎通に工夫が必要である(個人的要因)。ワーカーが本人の生活様式を無視してサービスを導入する(不適切な対応)。その結果,本人は楽しみにしているテレビ番組の時間帯に入るヘルパーに抵抗を示し,暴力をふるうようになった。

〔第Ⅲ類型〕社会的要因＋不適切な対応

■介護者である家族がリストラにあい,生活苦に陥る(社会的要因)。介護保険の1割負担を重く感じた家族からの訴えのままに,ワーカーはサービスを大幅に減らした(不適切な対応)。その結果,家族が介護できる範囲を超え,本人はネグレクト(虐待としての介護放棄)される状態に至った。

■高齢化率の低い新興住宅地。90歳で一人暮らしを続ける本人に対して,近隣住民が失火の不安を訴えるなど過度に心配する声があがる(社会的要因)。遠方の家族や地域住民からの要望を受けて,ワーカーが訪問介護等のサービス利用を強くすすめる(不適切な対応)。その結果,本人は周囲と

のかかわりを一切断つ状態に陥り，その後脱水と低栄養で倒れた。

〔第Ⅳ類型〕個人的要因＋社会的要因＋不適切な対応

■娘と同居する母親が認知症を発症（個人的要因）。娘には精神障害があり，これまでは母親が身の回りの世話をしていた（社会的要因）。ワーカーは，娘を介護者として期待し，娘へのサポートなしに母親への介護を求めた（不適切な対応）。その結果，娘は混乱して症状が悪化。母親への身体的虐待へと至った。

■本人は，人との交流が苦手でネコ好き。アパートで13匹のネコを飼っている（個人的要因）。悪臭が強く，近隣からの苦情が頻回にある（社会的要因）。ワーカーチーム側の連絡調整ミスもあって，本人の意向を十分に確認しないまま，保健所を呼んでネコをすべて処分した（不適切な対応）。その結果，本人がさらに数多くのネコを飼い始め，近隣との関係が一層悪化した。

　支援困難事例とは何か。以上の内容を整理して示しておくならば，「支援困難事例とは，個人的要因，社会的要因，不適切な対応という3つの発生要因のうち，2つもしくは3つの要因が重なり，その結果，困難性が相乗的に増幅した事例」といえる。この分析枠組みは，支援困難事例へのアプローチを導き出す上で重要な視座を提供することになる。

7　権利擁護活動

　地域を基盤としたソーシャルワークの第7の機能は，「権利擁護活動」である。ここでいう「権利擁護活動」とは，ソーシャルワーク実践において，本人主体を基調としたアドボカシーの機能を地域で展開することを想定した概念として明らかにする。アドボカシーがソーシャルワークにおける重要な機能であることはいうまでもない。しかしながら，そこでの「代弁」の機能とはどのような機能なのか，また広く使われることになった「権利擁護」とソーシャルワークの機能との関係についても十分に精査されてきたわけではない。

　以下，ソーシャルワークにおけるアドボカシーの整理を進める意味で，アド

第2章　地域を基盤としたソーシャルワーク　85

ボカシーの4層構造，「権利擁護活動」の4つの諸相について論じ，それをふまえて「積極的権利擁護」の推進及び地域を基盤としたソーシャルワークにおける「権利擁護活動」のあり方について提示する。

1) ソーシャルワークにおけるアドボカシーの4層構造

　ソーシャルワークにおけるアドボカシーの構造と内容を体系的に示すことは，ソーシャルワークにおけるアドボカシーの意義を再確認する上でもきわめて重要である。図2-8では，ケースアドボカシーとコーズアドボカシーを包含するソーシャルワークにおけるアドボカシーの4層構造を示した。図2-8は，ソーシャルワークの機能のうち，アドボカシーに関係する部分を特化させて示したものである。この図では，第1層の「援助関係の構築」と第2層の「当事者性の尊重による本人理解」を基礎部分としてソーシャルワークのアドボカシーの活動が遂行されることを意味している。また第3層では，具体的なケースアドボカシーの活動として，「システムとの対等関係を構築すること」を総体としての「アドボカシー機能」と規定した上で，①意思表明，②対決，③交渉，④代弁，⑤その他，というの5つの具体的な活動内容を提示した。さらに，その活動をふまえて，社会福祉制度の改革，社会資源の開発，福祉文化の創造に向けたコーズアドボカシーの活動として，この5つの活動内容を位置づけた。

　以下，この図に基づきながらソーシャルワークにおけるアドボカシー活動について検討するが，それに先立ってまずこの図の前提となる基本的視座について次の3点を指摘しておく。

　まず第1には，ソーシャルワークという専門的援助活動のなかにアドボカシーをしっかりと位置づけることである。つまり，ソーシャルワークの価値基盤に根ざした専門的活動としてアドボカシーをとらえることである。あえてこのことを強調するのは，昨今の「権利擁護活動」に関する議論がソーシャルワークの枠組みのなかだけで議論されるわけではないため，ここでの「権利擁護活動」がなし崩し的にソーシャルワークのなかで議論されることを危惧するためである。

　第2には，ソーシャルワークの価値に基づいたアドボカシー活動として，本人（クライエント）を課題解決の主体として位置づけることを第一義とし，その

図 2-8　ソーシャルワークにおけるアドボカシーの 4 層構造

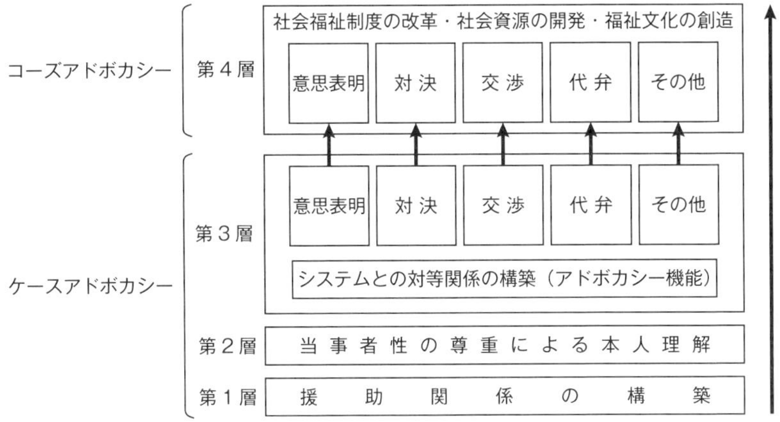

出典：岩間伸之「ソーシャルワークにおける「アドボカシー」の再検討」山縣文治編『《別冊発達 25》社会福祉法の成立と 21 世紀の社会福祉』2001 年，36 ページ

ためのアドボカシー活動とは何かを問うことである。このことは，アドボカシーの起点はあくまで本人であることを意味している。

　第 3 には，個人や家族を擁護・代弁するケースアドボカシーの延長線上に社会制度の改革を指向するコーズアドボカシーを明確に位置づけることである。ソーシャルワークにおける「『個人の変化』か『社会の変革』か」という議論を二者択一としてとらえるのではなく，両者を一体化したもの，あるいはその接触面（interface）に視点を求めるというのは，ソーシャルワークにおいては今や自明のこととなっている。そして，アドボカシーの起点はあくまで本人であることから，図にあるようにケースアドボカシーの矢印の先にコーズアドボカシーを位置づけるものである。

① 第 1 層：援助関係の構築

　ソーシャルワークにおけるアドボカシー活動の前提は，クライエントとの援助関係の構築である。これはソーシャルワーク成立の基本要件となる。この援助関係を通してクライエント自身による課題の明確化をうながし，さらにそこを起点として取り扱うべき課題の正確な情報を把握する。アドボカシーのみならず，すべてのソーシャルワーク機能の遂行は信頼関係に裏打ちされた援助関

第 2 章　地域を基盤としたソーシャルワーク　87

係の構築を前提としている。

　ソーシャルワークにおけるアドボカシー活動とは，あくまでもクライエントを出発点とする援助活動であり，クライエントが主体となる活動でなくてはならない。ワーカーは，クライエントとの援助関係を通して，解決すべき課題を把握し，必要に応じてアドボカシー活動のための戦略を立て，さらに面接によってクライエント自身の「権利」に関する気づきをうながすことになる。

　援助関係構築のための具体的方法としては，「面接」(interview) が重要な位置を占めている。受容，個別化，非審判的態度といったバイステックによるケースワークの原則に代表される援助関係構築のための原則や共感的理解といった実践原則は，面接における適切な働きかけを通して遂行されるものである。したがって，基本的な面接技術が未熟であれば，アドボカシー活動や課題解決どころか援助の入口の段階でつまずくことになる。

② 第2層：当事者性の尊重による本人理解

　ソーシャルワーク実践という枠組みのなかでアドボカシー活動をとらえるためには，当然のことながらクライエントの当事者性を徹底して尊重するという姿勢がワーカー側に求められる。アドボカシー活動としての「代弁機能」とは，主体としてのクライエントをソーシャルワークの価値と照らし合わせながら代弁することであって，クライエントの要求を盾にワーカーが自分の要求を満たすことに無意識のうちにすり替えてしまう危険性に十分留意しなければならない。

　ソーシャルワークにおいては「クライエントのいるところから始める」ということが強調される。アドボカシー活動であってもそれは同様である。筆者は，ソーシャルワークにおいてクライエント本人の側から理解することの必要性を強く指摘し，「本人のこれまでの人生，人生観，生き方，価値観，今の生活世界，感情等に近づくこと，つまり本人そのものに近づくこと」[3]という「本人の〈ストーリー〉に近づくこと」の必要性を強調してきた。こうした本人理解のプロセスを通らない限り，クライエントの側に立ったアドボカシー活動などありえないはずである。

③ 第3層：システムとの対等関係の構築とアドボカシー活動

　第3層は，第1層と第2層を基礎として，具体的なケースアドボカシーの実

践に関する内容について示すことにする。「対等に向かい合わせること」をアドボカシー機能として規定し、その上で5つのアドボカシー活動を提示する。

まず、アドボカシー機能としての「システムとの対等関係の構築」である。ソーシャルワークにおけるアドボカシーを機能的にどのように説明するかは、ソーシャルワークの大きな課題である。アドボカシーの重要性について指摘することはできても、それをどのように機能的に説明するのか。それができなければ、ソーシャルワークの専門的活動として一貫したアドボカシーはできないはずである。

以下に論じる5つのアドボカシー活動は、この対等な位置にまでクライエントを持ち上げるアドボカシー機能の具体的な内容である。対等な関係が構築されれば、そこから両者間の力動的関係は創造的に展開することになる。

「媒介機能」において、クライエントをシステムとの対等な位置にまで持ち上げることを「アドボカシー機能」として示した。そのアドボカシー機能とは単一の活動によって推進されるのではなく、複数の活動の複合体として構成される。ここでは、クライエントをシステムとの対等な位置にまで持ち上げるための両者間の相互作用関係の促進のための活動として、5つの活動をとりあげたい。これらはケースアドボカシーのためにソーシャルワーカーが一体何をすべきなのかについて明らかにするものである。

まず第1の活動は、クライエント自身による「意思表明」の促進である。これは、クライエントが自分の考えや意見、希望についてシステム側に訴えることができるようにワーカーがうながすことを意味する。クライエントが自分の意思を表明し、主張できるようにうながすことは、ケースアドボカシーの出発点となるもっとも基本的な要素である。意思表明を促進するというワーカーの働きかけの前提には2つの働きかけを含む。その1つは、ワーカーによるクライエントへの適切な情報提供のあり方である。アドボカシーにおいて正確な情報を提供することは、アドボカシーのための基本技術である。ただし、アドボカシーのための情報提供とは、情報入手の方法を教示することや情報の理解を支援することも含まなければならない。いま1つは、そうした情報提供や面接等によって意思表明のための気づきと明確化を促進することである。説得力のある意思表明のためには、クライエント本人が自分の意思を明確にし、言葉や

文書で主張することができなければならない。

　第2の活動は，「対決」の促進である。ここでいう「対決」とは，クライエントの「意思表明」を相対するシステムにメッセージとして正式に伝え，双方の主張の相違点をくっきりと明確にすることである。この「対決」の活動は，アドボカシー活動の1つのプロセスとしてきわめて重要である。自分の意思を言語化できるまでに整理し，意思として表明したとしても，その主張を相手に伝えることができなければ意味をもたないからである。ワーカーはメッセージとして相手に伝えるため具体的戦略として，メッセージの伝え方の検討，場の設定，同伴等があげられる。また，受けとる側とシステム側の姿勢づくりやシステム側の主張との擦り合わせによって相違点を明らかにする作業も求められる。さらに，メッセージに付随する感情の取り扱いにも留意すべきである。

　第3の活動は，「交渉」の促進である。「意思表明」と「対決」によって双方の主張とその違いを明確にし，具体的な解決に向けて両者間の相互作用を促進させることである。交渉の結果，システム側が納得して要求を受け入れる場合，クライエント側が納得して要求を取り下げる場合，そして相互に変化をうながすことによって折り合いをつける場合がある。当然ながら場合によっては，決裂する場合もある。具体的なアドボカシー活動としては，たえず対等な関係を維持して交渉ができるようにサポートすること，相対するシステムとの交渉技術を教示すること，両者の感情の取り扱い，クライエントの内的変化を支えること等があげられる。基本的に，「交渉」とは相互理解によって，共に納得する落としどころを模索する過程といえる。

　第4の活動は，「代弁」である。わが国では，従来からアドボカシーの訳語として用いられてきた経緯がある。ケースアドボカシーにおける狭義の「代弁」とは，文字どおり「意思表明」「対決」「交渉」の場面において本人に代わって意見を主張することである。ただし，そこではあくまで主体者は本人であることから逸脱してはならない。ワーカーは本人の代弁者であるにすぎない。具体的な活動としては，代弁そのものだけでなく，言い換え，補強，修正等があげられる。当然のことながら，本人を代弁するためには，本人とワーカーとの確固たる援助関係を通して，本人の意向を正確に把握しておくことが前提となる。「代弁」の最中においてもワーカーとクライエントとの間で「代弁」の内容に

ついて擦り合わせをしておくことが求められる。さらに「代弁」については，判断能力が不十分な人の代弁も含まれる。こういった自己決定がしづらい人，あるいは自己決定が表現できない人の代弁には「関係」を通した高度な代弁技術が求められることになる。

　最後の第5の活動が，「その他」である。アドボカシーのためのソーシャルワークの範囲とは広範にわたり，またその内容も社会状況と大きな関連性がある。この「その他」の範疇には，組織化，法的対応，権利擁護制度の活用及び第三者機関との連携・連帯等が含まれる。「組織化」とは，共通するニーズを持つクライエントを組織化してグループを結成し，システムへの圧力を強化することである。「法的対応」とは，法的手段に訴える場合の法律等の解釈，訴訟を起こす場合の手続き，諸経費の捻出等について具体的に教示することである。

④ 第4層：コーズアドボカシー

　図2-8で図示したように，ケースアドボカシーの延長線上にコーズアドボカシーを位置づける。ソーシャルワーカーが，クライエントへの援助を積み重ねるなかで，社会福祉制度の改革，社会資源の開発，福祉文化の創造に向けた取り組みをしていくことである。従来からのソーシャルアクションときわめて近い概念である。そこでのアドボカシー活動は，ケースアドボカシーで用いられた「意思表明」「対決」「交渉」「代弁」「その他」を社会に向けて用いることである。そこでの内容を広義にとらえれば，社会に向けた「代弁」として包括することができる。ソーシャルワーカーとしての意見や展望を持ち，それを意思表明し，社会や福祉当局に向けて発言していくこと，また専門職の組織によって訴えていくことが求められる。これは，ソーシャルワーカーの倫理及び倫理綱領と密接な関係にある。

2)「権利擁護活動」の4つの諸相

　「権利擁護」という用語は，古くから一般的に使われてきたわけではない。つまり，このことは権利擁護をめぐる取り組みの必要性が近年になって顕著になってきたことを示唆するものである。

　権利擁護が求められる背景には，判断能力が不十分な人をめぐる社会的な課題が重く横たわっている。福祉サービスの利用に契約制度が導入されるように

なり，認知症等による判断能力が不十分な人の尊厳を守るためのしくみが不可欠になったことがその背景としてまず指摘できる。また，権利侵害事例の増加は権利擁護の推進を強く後押しする要因となっている。子どもや高齢者，障害者への深刻な虐待，判断能力が不十分な人への悪質商法等による消費者被害は社会課題として常態化している。さらには，人口の高齢化にともなう認知症高齢者の増加により，日常生活において高齢者の尊厳をいかに守るかが国民的課題として認識されるようになったことも権利擁護が求められる背景としてあげられる。

　こうした状況を背景としながら，権利擁護の重要性が強調され，また権利擁護のための具体的な手立てについて議論され，取り組まれるようになっている。しかしながら，顕在化する権利擁護ニーズに対応すべく，その理念よりも具体的な取り組みが優先されてきた傾向があったことは否めない。つまり，「権利擁護とはいったい何を擁護することなのか」という本質論をめぐる議論は必ずしも十分ではなかったといえる。その本質を意識しないまま権利擁護活動に携わることは，形骸化した権利擁護に陥ったり，権利擁護のはずがいつの間にか権利侵害にすり替わってしまうことにもなりかねない。

　「権利擁護」とは，援助の本質につながる深く重い概念である。各種の虐待や経済的被害，機会の剥奪や不当な扱い，差別や中傷等から本人を守るという権利侵害からの保護，また人として生活するのに最低限必要な衣食住をはじめとする生活上の基本的ニーズの充足は，いうまでもなく権利擁護活動の中核をなすものである。これらを「狭義の権利擁護」とするならば，さらにそこから，本人の自己実現に向けたエンパワメントを志向する理念の明確化が求められる。

　そこで，権利擁護を次の4つの諸相として提示することで，広い観点から権利擁護の全体像を示すことにする。権利擁護の4つの諸相の内容を表2-4で示した。

① 権利侵害状態からの脱却

　権利が侵害された状態からの脱却は，権利擁護活動の中核に位置するものである。不健全な状態にある本人を健全域にまで持ち上げることである。現代社会における権利侵害とは，多様であり，誰にでも起こりうる日常的なもので

表2-4 権利擁護の4つの諸相

	内 容	概 要
①	権利侵害状態からの脱却	生命が危険にさらされている，最低限度の生活が維持できていない，虐待等による権利侵害が認められる，不適切な人間関係や非人間的な環境に置かれているといった権利侵害状態からの脱却を図る。
②	積極的権利擁護の推進	生命や財産を守り，権利侵害状態からの脱却を図るだけでなく，「本人らしい生活」と「本人らしい変化」を支え，本人の自己実現に向けた取り組みを保障する。
③	予防的権利擁護の推進	早期把握・早期対応によって，虐待事例を含む支援困難事例等，深刻な事態に陥ることを未然に防ぐ。地域住民等のインフォーマルサポートの参画による専門職との連携と協働が不可欠となる。
④	権利侵害を生む環境の変革	多様な権利侵害の温床となる環境（社会）の側の変革をうながす。就労条件や労働環境，介護や子育てを取り巻く状況，社会的孤立や排除等をソーシャルアクションによって好転させる。

ある。

　生命が危険にさらされている，最低限度の生活が維持できていない，虐待等による権利侵害が認められる，不適切な人間関係や非人間的な環境に置かれているといった権利侵害状態からの脱却を図ることは絶対不可欠な取り組みとなる。つまり，マイナスの不健全な状態にある本人をプラスマイナスゼロの状態にまで引き上げることを意味する。

② 積極的権利擁護の推進

　権利擁護とは，いったい何を擁護することなのか。これは，社会福祉ないしはソーシャルワークにおける権利擁護のあり方について考察を深める際，根幹にかかわるきわめて重要なテーマとなる。「権利擁護」とは，援助の本質につながる深く重い概念である。前述したような各種の虐待や経済的被害，機会の剥奪や不当な扱い，差別や中傷等から本人を守るという権利侵害からの保護，また人として生活するのに最低限必要な衣食住をはじめとする生活上の基本的ニーズの充足は，いうまでもなく権利擁護活動の中核をなすものではある。これらを「狭義の権利擁護」とするならば，社会福祉における権利擁護とは，さらにそこから，「本人らしい生活」と「本人らしい変化」を支えるという「積極的権利擁護」にまで拡大してとらえることが求められる。なぜならば，社会

第2章　地域を基盤としたソーシャルワーク　93

福祉の理念として，最低限の生活さえ維持できればそれでいいということにはならないからである。つまり，生命と最低限の生活の維持だけでなく，生活の質や人生の質が問われることになるということである。その際，当事者である本人にとっての生活や人生のあり方の意味を追求することになる。自分が自分であるように存在するという意味での「自己実現」は，ソーシャルワーク実践を支える根拠となりうる価値の1つとして位置づけられてきた。最低限の生活の維持の先には質が問われる援助の世界が広がっている。

　社会関係の二重構造における「主体的側面」は，岡村重夫の理論を象徴するものである。その側面について，岡村は「相互に無関係な多数の社会関係を，ひとりの生活主体者としてこれらを統合し，調和させながら，それぞれの社会関係の維持に必要な役割を，自分の行為として実行していく側面」[2]と説明する。その本質は，「彼は社会から一方的に，すなわち必然的に規定されない。それは単に受動的に他から規定させられるのではなくして，他に対して積極的に働きかける主体的存在であり，相互に反応しうる存在である」[2]という文脈に顕著に表現されている。積極的権利擁護における「本人らしい生活」と「本人らしい変化」の創造とは，岡村のいう社会関係を通して主体的に働きかける存在であることを保障することといえる。

　「本人らしい生活」の保障とは，自分の「存在」に意味と価値があることが社会関係のなかで認められ，さらに本人が自分にとってのあるべき生活を主体的に創造していくことである。「本人らしい変化」の保障とは，心身と環境の変化にともなって，社会資源の活用を含めて周囲との支え合いの社会関係を結びながら，新しい生活を創造していくことである。こうした内容は，自己実現や自己決定の尊重とも深く関係する。権利擁護は，生命や財産を守り，また権利が侵害された状態から救うというだけでなく，本人の生き方を尊重し，本人が自分の人生を歩めるようにするという本人の自己実現に向けた取り組みを保障するものでなければならない。

　たとえば，高齢者虐待事例への対応においては，その深刻性から緊急対応が余儀なくされることも少なくない。生命を守り，また心身のダメージをできる限り少なくするための適切な対応が求められるのは当然のことであるが，虐待する側の養護者等から本人を保護・分離することをもってゴールとなるわけで

はない。また，やむをえない事由による措置や成年後見人が選任されることを
もって援助が終結するわけでもない。保護・分離の先に「本人らしい生活」と
「本人らしい変化」を視野に入れながら対応しなければならない。

　援助とは，「保護」することではなく，当事者たちをこれからの生活や人生
を自分で歩んでいくための主体者としてとらえて働きかけていくことでなけれ
ばならない。その主体性の喚起にソーシャルワークの専門性が求められること
になる。

③ 予防的権利擁護の推進

　「積極的権利擁護」には，そればかりでなく，早期把握・早期対応によって，
深刻な事態に陥ることを未然に防ぐというアプローチが含まれなければならな
い。たとえば，子どもや高齢者，障害者等への虐待事例に対して適切に対応す
るだけでなく，その虐待自体を未然に防ぐという働きかけは，もっとも優れた
権利擁護の取り組みといえる。各種の虐待のみならず，ひきこもり等の社会的
孤立やゴミ屋敷等の地域における支援困難事例においてもその効果は大きい。
深刻な事態に陥ってしまえば，本人へのダメージが深くなり，リカバリーに時
間がかかることに加え，援助者も多くの労力を要し，採りうる援助の幅も狭く
なる。

　こうした深刻な事態に陥ることを未然に防ぐという権利擁護を「予防的権利
擁護」と表現するならば，その担い手として，近隣住民や地域におけるボラン
ティア等の関与が不可欠となる。「予防的権利擁護」に求められる早期把握・
早期対応，そして継続的な見守りには，インフォーマルサポートがきわめて重
要な役割を担うことになる。「予防的権利擁護」の推進は，地域福祉との接点
を織り込んだ新たな権利擁護のあり方を創造することになる。

④ 権利侵害を生む環境の変革

　権利侵害は，当事者同士の相互作用のなかだけで生起するのではなく，外か
らの影響も強く受けることになる。つまり，環境が権利侵害を生み出すという
ことである。権利擁護の1つの諸相として，多様な権利侵害の温床となる環境
（社会）の側の変革をうながすことを位置づけることは，権利擁護のための視点
と手立てを広げることになる。

　具体的には，就労条件や労働環境，介護や子育てを取り巻く状況，社会的孤

立や排除等をもたらす環境をソーシャルアクションによって好転させることが
求められる。

3) ソーシャルワークの文脈における「積極的権利擁護」の推進

　ソーシャルワークとは，クライエントのいるところを出発点として，その社
会的存在としての本人の歩みを支える専門的営みである。それは，クライエン
ト自身が課題解決の主体として位置づけられることを意味する。ソーシャル
ワークの援助過程とは，クライエント本人による課題解決の道程でなければな
らない。クライエントがたとえ苦しい状況や厳しい環境にあったとしても，ク
ライエントを保護したり，クライエントの課題を肩代わりするのではなく，本
人がその所与の状況から自分の生活や人生を歩んでいく過程を支えていくこと
である。

　このことは，「積極的権利擁護」の説明としてとりあげた「本人らしい生活」
と「本人らしい変化」を支えることと軌を一にする。「積極的権利擁護」とは，
生命や財産を守り，権利が侵害された状態から救うというだけでなく，本人の
生き方を尊重し，本人が自分の人生を歩めるように支えるという本人の自己実
現に向けた取り組みを保障するものでなければならないとする概念である。つ
まり，理念としての「積極的権利擁護」とは，安心と安全の確保のみをゴール
とするのではなく，さらにその先にある「本人らしい生活」と「本人らしい変
化」を支えることを意味する。権利侵害状態からの脱却がマイナスの不健全な
状態にある本人をプラスマイナスゼロの状態にまで引き上げることであるなら
ば，積極的権利擁護とは，プラスマイナスゼロからプラスの方向にベクトルを
向けることである。

　「本人らしい生活」と「本人らしい変化」は，ソーシャルワーク実践の過程
において実現されるべきものである。したがって，社会福祉における権利擁護
とは，ソーシャルワークという援助の文脈のなかでとらえる必要がある。そも
そも，その歴史をたどれば明らかなように，ソーシャルワークとアドボカシー
（advocacy）及び権利擁護とは密接な関係にある。1968年にNASW（全米ソーシャ
ルワーカー協会）において「アドボカシーに関する特別委員会」が設置された。
その翌年に，委員会の報告書である「弁護者（advocate）としてのソーシャルワー

カー：社会的犠牲者への擁護者」[4]が出されて以来，アドボカシーがソーシャルワークにおける重要な機能として明確に位置づけられることになった。アドボカシーは，ソーシャルワークの基本的かつきわめて重要な機能として，またソーシャルワークを性格づける根幹的な機能としして位置づけられてきた。

こうした内容をふまえて，以下，ソーシャルワークの文脈において「積極的権利擁護」を推進するための基本的視座について整理しておく。

①「本人の主体化」とエンパワメント

「積極的権利擁護」は，「本人の主体化」という大きなテーマを含んでいる。つまり，当事者である本人は第三者から守られる存在ではなく，自らの置かれた状況や社会関係を自らが変えていく主体的存在であり，自分に合った新しいシステムを自ら創り出す存在として認識されなければならない。権利擁護の取り組みの主人公はクライエント本人であり，ソーシャルワーカーはそのプロセスに専門職として全力を傾注することが求められる。

かかわりの最初の時点でクライエントが依存的であったり，権利が侵害された状態に気づいていなかったり，自分にかかわる課題を直視できていないことも多い。たとえそうであっても，本人自身の気づきを支えるところから取り組みを始めることが求められる。

この「本人の主体化」を視野に入れたソーシャルワークにおける権利擁護は，エンパワメント（empowerment）を指向するものである。つまり，当事者である本人は，一方的に擁護されたり庇護される存在ではなく，本質的には自らが主体となって自分の不利や不満を訴えたり，自分の置かれている環境を自ら変えていく存在として位置づけられなければならない。たとえば，介護サービスの利用においても，本人が自分のニーズや苦情を自ら訴えることのできるようにうながす支援も権利擁護において重要な意味を持つことになるということである。

そのためには，本人の自尊心や存在価値へのアプローチ，自己決定への支援，周囲の環境への交渉過程への支援といった，本人の主体化に向けた働きかけが求められることになる。こうした働きかけは，価値に基づいたソーシャルワークの本質的な実践といえる。

② 自己決定のプロセスを支えること

「積極的権利擁護」としての「本人らしい生活」と「本人らしい変化」を支える際,「本人の主体化」に向けた実践は,自己決定を支える実践として具現化されることになる。この自己決定のプロセスにソーシャルワーカーがいかに関与するかは,その内容に大きな影響を与えることになる。自己決定のプロセスを支えるための視点をいくつか指摘しておく。

まず,本人が決めるための環境を整えることがあげられる。本人が決めるプロセスを支えるためには,安心と安全が確保され,また心身ともに落ち着いた状態が提供されることが自己決定のための前提条件となる。虐待事例などでは,身体面,精神面,環境面において被虐待者が自己決定の過程に入れる状況にまでもっていくのに十分な時間をかける必要がある。

また,援助関係を活用して自己決定をうながすことも重要な視点である。自己決定への援助とは,結果ではなく,そこに行き着くためのプロセスにかかわることである。そのプロセスに働きかける上で,援助関係は必要不可欠な要素となる。ソーシャルワークにおいて本人の自己決定をうながすということは,援助者との援助関係を基盤としたやりとりのなかで決めていくことである。加えて,援助者だけでなく,周囲の相互作用関係のなかで自己決定をうながすことも求められる。本人は,家族や親族,近隣住民等の周囲の人とのやりとりによって自分の考えや意向を形成していくことになる。

自己決定のプロセスを支えるということは,本人の「揺れ」や「痛み」に付き合うことである。自己決定にあたっては,思い通りにいくことばかりではない。現実と折り合いをつけるなかで,迷ったり,あきらめざるをえない場合もあるだろう。その際に,「揺れ」や「痛み」に付き合うこともプロセスを支えるソーシャルワーカーの仕事となる。

③ 判断能力が不十分な人の「代弁」

判断能力が不十分な人たちの意思や意向を代弁することは,権利擁護に向けた重要な活動となる。判断能力が不十分な人に成年後見制度に基づいて成年後見人が選任されたとしても,その後見人が本人の意思や意向を尊重せずに,サービスを契約したりお金を使い始めると,「合法的な権利侵害」につながる可能性がある。このことは,権利擁護のつもりがひとつ間違えば権利侵害に加担し

てしまう危険性を示唆するものである。

　どのようなしくみを整えたとしても，どのような人がかかわったとしても，判断能力が不十分な人の自己決定をどうするか，ニーズや要求をいかに把握するか，何をもって自己実現とするかという課題と向き合うことを余儀なくされる。ソーシャルワークはそこに深くかかわらなければならない。この点に，権利擁護をソーシャルワークの文脈のなかで捉えることの真価がある。

　また，本人の判断や意思に基づいた支援が大切ではあるものの，「本当の意思」を確認することが容易でないことも事実である。したがって，ソーシャルワークにおける「代弁」とは，判断能力が不十分な人であっても，できる限り本人の意思を把握し，それを必要に応じて代弁していく権利擁護のプロセスといえる。ソーシャルワークにおける「本人らしい生活」の保障と「本人らしい変化」に向けた援助において，判断能力が不十分な人の意思を代弁するソーシャルワーカーの役割は，きわめて重い意味を持つことになる。

　その過程においては，本人の意思や意向を正確に把握する力量が求められることはいうまでもない。そのためには，本人との援助関係の形成を基盤としながら，本人のこれまでの生き方，生き様，価値観，世界観などを知ることを通して本人の側からの理解を深めること，十分な観察やノンバーバルなコミュニケーションを最大限に活用することなどが求められる。

4）地域を基盤としたソーシャルワークと「権利擁護活動」

　権利擁護とは，健康で文化的な最低限度の生活の維持及び権利侵害状態からの脱却という狭義の理念を包含しつつ，さらに本人の自己実現に向けたエンパワメントを志向する理念である。その理念を追求するための実践として，制度・政策として権利擁護を推進するという側面とソーシャルワークもしくはソーシャルワーカーとして権利擁護を図るという側面を有することになる。

　「権利擁護の4つ諸相」で示したように，権利擁護の概念は広範にわたることから，この1つの機能単独で権利擁護が遂行されるわけではない。それを地域を基盤としたソーシャルワークとして展開するために，「権利擁護の4つの諸相（A～D）」を他の7つの機能において遂行することになる。この内容を表2-5で一覧にして示した。7つめの「権利擁護活動」の機能は，他の7つの機

第2章　地域を基盤としたソーシャルワーク　99

表 2-5　地域を基盤としたソーシャルワークにおける権利擁護活動の展開

機　能	権利擁護の 4 つの諸相との接点
1　広範なニーズへの対応	A：既存の制度では十分に対応できなかった課題を持ち，なおかつ権利侵害状態にある人を対象として認識し，対応する。 B：多様な生活のしづらさを抱える人に対して，「本人らしい生活」と「本人らしい変化」を保障する。 C：多様な生活のしづらさを抱える人の課題が深刻になる前に働きかけ，問題の発生を未然に防ぐ。 D：事例への働きかけを蓄積しながら，広範な課題を制度上において対応できるようにセーフティネットを拡充する。
2　本人の解決能力の向上	A：安心・安全な状態を確保し，本人の持てる力を最大限に発揮できる環境を整える。 B：「本人らしい生活」と「本人らしい変化」に向けて自ら取り組めるように，本人をエンパワメントする。 C：課題が深刻化する前に，問題状況に自分で気づいて対処したり，自ら助けを求めることができるように働きかける。 D：本人自身がソーシャルアクションの担い手となれるように働きかけたり，本人の意向を代弁する。
3　連携と協働	A：関係する専門職が中心となって連携・協働し，まず権利侵害状態からの脱却を図る。 B：「本人らしい生活」と「本人らしい変化」に向けて，本人と専門職を含む関係者が連携，協働する。 C：早期発見・早期対応ができるように，地域住民を含んだ関係者で連携・協働の体制を作る。 D：権利侵害状態を生む環境について，問題意識を共有できる関係者を増やし，連帯して変革に向かう。
4　個と地域の一体的支援	A：権利侵害状態にある事例について従前から知っている住民と，事例がこの状態から脱却する過程について共有する。 B：「本人らしい生活」と「本人らしい変化」に向けて，地域住民と協働して対応し，その変化を共有しながら次の事例に備える。 C：地域住民等に早期発見・早期対応の役割を専門職と一緒に担ってもらえるように働きかける。 D：権利侵害状態の温床となる環境の側に地域住民や専門職等の関係者がいることを認識して働きかける。
5　予防的支援	A：権利侵害状態に至る前の兆候を把握し，権利侵害を未然に防ぐ。あるいは，権利侵害状態であっても深刻になる前に働きかける。 B：援助過程において，「本人らしい変化」を常に想定し，先手を打ちながら変化をうながす。 C：予防的権利擁護とは，予防的支援そのものであり，その延長線上に地域福祉の推進を位置づける。 D：権利侵害をもたらさない環境づくりは，究極の予防的支援となり，同時に支え合いのしくみを作ることにつながる。
6　支援困難事例への対応	A：権利侵害事例は，支援困難事例の 1 つであり，困難状況からの脱却のためには，専門職による専門的対応が不可欠となる。 B：「本人らしい生活」と「本人らしい変化」をうながすためには，支援困難事例であっても本人を主体とした援助が求められる。 C：支援困難事例（権利侵害事例）に至ることを未然に防ぐ，あるいは早期に健全域にまで引き上げる。 D：支援困難事例への 1 つの対応として，本人をとりまく環境を変えるという実践の蓄積からソーシャルアクションへつなげていく。
7　権利擁護活動	権利擁護とは，健康で文化的な最低限度の生活の維持及び権利侵害状態からの脱却という狭義の理念を包含しつつ，さらに本人の自己実現に向けたエンパワメントを志向する理念としてとらえることである。それを地域を基盤としたソーシャルワークとして展開するために，権利擁護の 4 つの諸相（A～D）を他の 7 つの機能において遂行することになる。
8　ソーシャルアクション	A：権利侵害状態からの脱却を単発の実践として終わらせず，社会的課題として認識し，成年後見制度等の制度的拡充へとつなげる。 B：事例への対応を蓄積することをとおして，「本人らしい生活」と「本人らしい変化」を旗印として掲げることの大切さを周知する。 C：予防的支援の蓄積とその成果を明らかにし，予防的権利擁護の重要性を社会的に周知する。 D：権利侵害の温床となる環境の変革をソーシャルアクションとして認識し，個別支援を束ねながら地域支援へと展開する。

（注）〈権利擁護の 4 つの諸相〉　A：権利侵害状態からの脱却　　B：積極的権利擁護の推進
　　　　　　　　　　　　　　　C：予防的権利擁護の推進　　　D：権利侵害を生む環境の変革

能の実践において遂行されることになる。表で明らかなように，7つの機能すべてにおいて権利擁護と接点を有することがわかる。それは，地域を基盤としたソーシャルワークとは，地域で権利擁護を推進していくことと密接に関係することを論証することでもある。

8 ソーシャルアクション

　地域を基盤としたソーシャルワークの第8の機能は，「ソーシャルアクション」である。「本人主体の援助論」においては，その特質が顕著に反映される機能といえる。地域を基盤としたソーシャルワークにおける機能として「ソーシャルアクション」を位置づける限り，ソーシャルワークの価値に基づいた機能として説明できなければならない。ソーシャルアクションであっても，「本人主体」という中核的価値を具現化する機能である必要があることを意味する。つまり，ソーシャルワーカーは本人の主体化を図り，ときに本人を代弁することによって，その本人の声を束ねていくことで環境の変革に向けて取り組むことになる。

　以下，地域を基盤としたソーシャルワークにおけるソーシャルアクションの特質を整理した上で，ソーシャルアクションプロセスを提示する。

1) 地域を基盤としたソーシャルワークにおけるソーシャルアクションの特質

　地域を基盤としたソーシャルワークにおけるソーシャルアクションの特質としては，次の3点から指摘できる。

　第1には，ソーシャルアクションであっても，ソーシャルワーク実践として展開される限り，その主体を当事者である本人自身に置くことである。すなわち，ソーシャルワーカー側の使命感や思想・信条が実践の根拠となるのではなく，ソーシャルワーカーが動く根拠を本人たちのニーズに置き，それを本人たちが要望として意識化し，さらに声として表出していく過程としなければならない。当事者たちのニーズを正確に把握し，それを本人たちの声として束ねていくという過程が求められるということである。

第2章　地域を基盤としたソーシャルワーク　101

第2には，それゆえソーシャルアクションには，本人のニーズを地域住民に向けて正確に代弁し，そこから束ねられた地域住民の声をさらに環境側に向けて正確に伝えるという代弁機能が重要な意味を持つ。その上で，ソーシャルアクションによってもたらされた変革をさらなる代弁機能の遂行によって地域住民に還元する過程も重要となる。

第3には，地域を基盤としたソーシャルワークにおいては，個と地域の一体的支援が重要な機能となることから，本人だけでなく，地域住民の気づきのうながしとその声を代弁していくことによって，当該の地域におけるソーシャルアクションを図るという点にも特質がある。1つの事例が，地域のソーシャルアクションにつながる過程をソーシャルワーカーが支えることを意味する。

2) ソーシャルアクションプロセス

地域を基盤としたソーシャルワークにおけるソーシャルアクションの位置づけや前述の特質をふまえた具体的な展開として，ソーシャルアクションのプロセスを提示する。表2-6では，ソーシャルアクションのプロセスを5段階に整理し，それぞれでソーシャルワーカーが果たすべき機能とその概要をまとめた。その際，各段階で遂行される代弁機能が重要な意味を持つことから，その方向性について欄を設けて明記した。

これらの内容は，地域を基盤としたソーシャルワークの実践をソーシャルアクションの視点から再整理を試みたものといえる。その結果，「本人主体」の視座に立脚してソーシャルワークの実践に取り組めば，必然的に「ソーシャルアクション」につながることを論証するものである。ソーシャルアクションは，国家資格である社会福祉士の誕生以来，その後退が指摘されてきた。地域を基盤としたソーシャルワークにおける，「本人主体」としたソーシャルアクションの展開は，ソーシャルアクション再生の1つの方途となる。

以下，ソーシャルアクションプロセスの5段階について，その概要について示すことにする。

① 広範な個別ニーズの把握

第1段階は，地域生活上の広範な個別ニーズを把握することによって，ソーシャルアクションに向けた入口とする。緊急度の高い事例や支援困難事例のみ

表2-6　地域を基盤としたソーシャルワークにおけるソーシャルアクションプロセス

段階	機　能	代弁の方向性	概　要
1	広範な個別ニーズの把握	判断能力が不十分な人等については、当初から代弁機能の遂行が必要となる場合がある。	地域生活上の広範な個別ニーズの把握。緊急度の高い事例や支援困難事例のみならず、予防的観点から支援を要する事例や潜在的ニーズ等も対象。判断能力が不十分な人等については、当初から代弁機能の遂行が必要となる場合がある。アウトリーチによる事例へのアプローチが不可欠。
2	気づきの促進	本人の思いやニーズを地域住民に向けて代弁する。	「個を地域で支える援助」において、本人と地域住民の両者の気づきを促進する機能。本人の思いやニーズを地域住民に向けて代弁する機能を内包。援助者が本人と向き合いながら、本人の主体性を喚起し、ニーズを意識化することが基本要件。本人にかかわる地域住民の気づきをさらに促進。
3	分かち合いの促進	気づきのあった地域住民の思いをさらに近隣の関係者に向けて代弁する。	「個を支える地域を作る援助」において、地域住民同士間で気づきの分かち合いを図る機能。気づきのあった地域住民の思いをさらに近隣の住民等に広げて代弁する機能を内包。制度・サービス等の社会資源や支援内容・体制等について、さらに近隣の住民等に向けた代弁機能の推進。
4	共有の拡大と検証	本人を含む地域住民の分かち合いの内容を広域で共有できるように代弁する。	前段階での本人を含む地域住民の分かち合いの内容を広域でさらに共有し、具体的な変革に向けて検証する機能。本人や地域住民の分かち合いの内容を代弁機能によって行政や援助専門職、住民代表者等に伝えるという機能の内包。媒介機能の遂行による実現に向けたすり合わせ作業。
5	変革と創造	関与してきた本人や地域住民に成果を還元していく際に、そのことが持つ意味を代弁する。	前段階での検証結果をふまえ、本人を取り巻く生活環境や制度・サービス等の社会資源の変革、新たなしくみや社会資源の創造に向けた取り組み。関与してきた本人や地域住民に成果を還元していく際、代弁することによって、自分たちの思いや気づきが具現化したことを伝えていく。

ならず、予防的観点から支援を要する事例、潜在化した事例、SOSのサインを自ら発することのできない事例等も把握することが求められる。また、判断能力が不十分な人等の場合には、この時点から代弁機能を遂行し、援助過程上で伴走すべき事例もあるだろう。こうした個別ニーズは、日常生活圏域を拠点とした援助、とりわけアウトリーチによって事例にアプローチすることが不可欠となる。

入口部分で，このような多様で広範なニーズについて把握できていない場合には，当然のことながらソーシャルアクションの範囲も限定的にならざるをえない。ソーシャルアクションとして変革を及ぼすことができる範囲は，その事例に対応できる範囲に限定されるからである。ソーシャルアクションの内容は，入口でのニーズ把握に大きく拘束されることになる。

② 気づきの促進

第2段階では，地域を基盤としたソーシャルワークにおける「個を地域で支える援助」において，本人と地域住民の両者の気づきを促進する機能を遂行する。その際，本人の思いやニーズを地域住民に向けて代弁する機能を内包することになる。

この機能では，ソーシャルワーカーが本人と向き合いながら，本人の主体性を喚起し，ニーズを意識化することが基本要件となる。本人の気づきの促進とともに，地域住民に向けた本人の代弁を付加することによって，事例にかかわる地域住民の気づきをさらに促進することが大切な視点となる。ソーシャルアクションの具体的な推進に向けた最初の一歩となるのものである。

③ 分かち合いの促進

第3段階では，地域を基盤としたソーシャルワークにおける「個を支える地域を作る援助」において，地域住民同士間で気づきの分かち合いを図る機能を遂行する。その分かち合いの過程において，気づきのあった地域住民の思いをさらに近隣の関係者に向けて代弁する機能を内包することになる。

その代弁機能とは，地域住民が本人へのかかわりの過程において体験した，制度・サービス等の社会資源や支援内容・体制等についての発見や気づきをさらに近隣の住民等に広げて代弁することを含むものである。その際，地域住民自身の今後の生活にも影響を与えるものであること，制度の不備や不足のみならず，プラスに評価できる要素にも着目することが重要となる。ソーシャルアクションの過程においては，地域住民たちの声をまず小さく「束ねる」という重要な取り組みとなる段階といえる。

④ 共有の拡大と検証

第4段階では，前段階での本人を含む地域住民の分かち合いの内容を広域でさらに共有し，具体的な変革に向けて検証する機能を遂行する。その共有の過

程において，本人や地域住民の分かち合いの内容を代弁機能によって行政や援助専門職，住民代表者等に伝えるという機能が内包される。ソーシャルアクションの過程においては，地域住民たちの声をさらに大きく「束ねる」という取り組みにつながる。

　その上でソーシャルアクションとしての具体的な変革に向けた検証作業においては，ソーシャルワーカーによる媒介機能の推進によって，現実的で実行可能な変革内容等の明確化に向けてすり合わせをうながすことになる。これらの一連の作業は，日常生活圏域を越えた行政単位ごとで設置される公的な会議でなされることになる。

⑤ 変革と創造

　第5段階では，前段階での検証結果をふまえ，本人を取り巻く生活環境や制度・サービス等の社会資源の変革，新たなしくみや社会資源の創造に向けて取り組む。その際，本人や地域住民によって束ねられた声に沿っているかどうかについてモニタリングによって検証を重ねていくことが求められる。

　そうした変革と創造の成果について，これまで関与してきた本人や地域住民に還元していく際，代弁機能によって，自分たちの思いや気づきが具体的な形で具現化し，またそのことが持つ意味について伝えていく。自分たちの関与で自分たちの地域生活が改善されたことを実感することによって，さらなる相乗効果を生み出すことになる。

注

1）バイステック著／尾崎新・福田俊子・原田和幸訳『ケースワークの原則〔新訳改訂版〕——援助関係を形成する技法』誠信書房，2006年，p120
2）岡村重夫『全訂社会福祉学（総論）』柴田書店，1974年
3）岩間伸之『援助を深める事例研究の方法——対人援助のためのケースカンファレンス』ミネルヴァ書房，1999年，p16
4）The Ad Hoc Committee on Advocacy, "The social worker as advocate: Champion of social victims", *Social Work*, vol.14, No.2, 1969, pp16-22.

第 3 章

地域拠点での「総合相談」の展開
―理論から実践へ―

第 1 節

地域における「総合相談」の展開

　地域を基盤としたソーシャルワークは，第2章第1節で示したように，基礎理論としての「ジェネラリスト・ソーシャルワーク」と実践概念としての「総合相談」の間に位置する実践理論である。「方法」の体系である「地域を基盤としたソーシャルワーク」を具体的な実践に移すためには，推進のための母体といえる「総合相談」が不可欠となる。本書における「総合相談」とは，方法としての「地域を基盤としたソーシャルワーク」とそれを地域で展開するためのしくみを包含した概念として論じるものである。

　本節では，この実践概念としての「総合相談」に焦点を当てる。この内容を明確化する作業は，当然のことながら，方法としての「地域を基盤としたソーシャルワーク」を実践としてどのように展開するかについて具体的に示すことにつながる。

　以下，地域で展開する「総合相談」の概念について，地域を基盤としたソーシャルワークを推進するための「総合相談モデル」として提示する。続いて，実践概念としての「総合相談」における「総合」の意味について論考した上で，理念に基づいた「総合相談」の展開とその課題についてとりあげる。

1 地域で展開する「総合相談」の概念

● 地域を基盤としたソーシャルワークを推進するための「総合相談モデル」

2006年度に，介護保険法に基づいて地域包括支援センターが創設された。

この相談機関は，中学校区を目安する日常生活圏域ごとに設置され，総合相談支援業務が中核的機能の１つとして位置づけられている。中学校区という一定の地域（エリア）を実践のフィールドとして設定された初めての相談機関といえる。高齢者領域の相談機関とはいえ，相談機能を一定の地域で展開するということは，否応なしに高齢者に限らず多様な生活課題への対応を迫られてきた。

それ以来，いわゆる「総合相談」は，福祉施策における１つの重要な柱として推進され，また地域における相談支援体制を象徴する重要な概念となっている。しかしながら，実際には多義的に使われている傾向が強く，「総合相談」の概念整理や成立要件といった枠組みについては必ずしも明確にされてはいない。そのため，総合相談体制の推進にあたっては，概念の明確化が不可避である。

そこで本書では，「総合相談」とは，方法としての「地域を基盤としたソーシャルワーク」とそれを地域で展開するためのしくみを包含した概念としてとらえることにする。つまり，地域を基盤としたソーシャルワークという「機能」を推進するための「構造」を「総合相談モデル」とするものである。地域を基盤としたソーシャルワークは，構造としての総合相談体制がなければ推進することはできない。エリアを担当するソーシャルワーカーを配置しても，しくみがなければ機能しないということである。

多様化する地域生活上のニーズへの対応としては，まずその多様なニーズを正確にキャッチすること，そのニーズが多様な担い手によって地域で支えられるしくみを作ることが求められる。後述するように，前者がいわゆる「入口」の支援，後者がいわゆる「出口」の支援である。そして，この「入口」と「出口」をつなぐ「プロセス」を含めた援助の枠組みが求められる。以下，この枠組みを「総合相談」として示すことにしたい。

図3-1では，「総合相談モデル（理念型）」を示した。まず，その基本的視座を５つに整理して提示しておく。

第１には，中学校区レベルを想定する日常生活圏域を実践上の基礎単位（基本ユニット）とし，総合相談を推進するための中核エリアとして位置づける。総合相談は広域では推進できず，小地域レベルで展開してこそ地域を基盤としたソーシャルワークの特性が発揮できるからである。もちろん，中学校区よりもさらに小さなエリアを基本ユニットとすることもありえる。この基本ユニッ

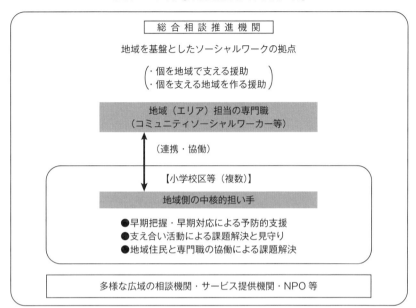

図3-1 総合相談モデル(理念型)

出典：岩間伸之「地域ニーズを地域で支える―総合相談の展開とアウトリーチ―」『月刊福祉』2006年8月号，全社協，2016年，25ページ

トそのものがアウトリーチの拠点として位置づけられる。伴走型の個別的・継続的支援は，生活の場である地域を拠点として初めて可能となる。

　第2には，地域を基盤としたソーシャルワークを総合相談を推進するための機能（方法）として展開することである。その特質は，「個を地域で支える援助」と「個を支える地域を作る援助」を一体的に推進していくことにある。基本ユニットは，個別支援と地域支援を切り離すのではなく，同時並行で推進していく個と地域の一体的支援の推進拠点となる。

　第3には，エリアを設定した上で地域担当の専門職（コミュニティソーシャルワーカー等）とさらに小さなエリアである小学校区等の地域側の専門職ではない中核的担い手とが，日常的に協働できる体制を包含することである。地域側の中核的担い手としては，当該地域の住民であり，積極的な地域活動の担い手を想

定する。「地域担当の専門職」と「地域側の中核的担い手」との日常的な連携・協働が，総合相談の推進の核となる。

第4には，図3-1の基本ユニット内の下部に示したように，エリア内外の多様な広域の専門機関，サービス提供機関，NPO等が総合相談の後方支援を担う位置にあることである。総合相談においては，エリア内で完結せず，主に領域ごとの特定の課題への対応に特化した専門的援助を提供する担い手とも協働することになる。

第5には，最終的に，図3-1にあるように，「地域担当の専門職」と「地域側の中核的担い手」との協働によって，小学校区等内のエリアの相談支援体制を強化することである。そこでは，早期把握・早期対応による予防的支援，支え合い活動による課題解決と見守り，地域住民と専門職の協働による課題解決を推進することになる。

2 実践概念としての「総合相談」における「総合」の意味

「総合相談」とは，方法としての「地域を基盤としたソーシャルワーク」とそれを地域で展開するためのしくみを包含した概念である。では，「総合相談」における「総合」とは何を意味するのか。改めて地域を基盤としたソーシャルワークの特質をふまえつつ，「総合」の意味について次の5点から整理しておく。

第1には，地域生活上の多様なニーズを持つ本人を援助対象とする点にある。本人の生活の場で援助を展開するということは，そこでの「生活のしづらさ」を対象とすることになる。「多様なニーズへの対応」という地域を基盤としたソーシャルワークの機能を具体化するものである。つまり，高齢者，子ども，障害者といった対象別に専門機関が機能するのではなく，総合相談では，地域生活の福祉ニーズに広く対応することが求められる。同時に，外国籍住民，多重債務者，ホームレスなど，従来から十分にアプローチできなかった対象への働きかけも含まれることになる。

第2には，ニーズ発見から見守りまで，つまり予防的支援から継続的支援までを含めた総合的な支援という点にある。重篤な状態になってから専門的な援

助を提供するのではなく，そのような状態になる前に積極的に働きかけていくことである。それによって本人のダメージを軽減でき，より早く健全な状態に戻ることができる。とりわけ，子どもや高齢者などへの虐待予防では，地域住民の参画を得ながら，子育て不安や介護負担をいち早く把握し，支援を提供することが重要となる。また，危険な状態を脱してからも，地域住民が中心となった見守り活動が不可欠となる。

　第3には，特定の本人の各ライフステージにかかわることができること，つまり，ひとりの本人あるいは世帯の変化に長期的展望を持って支援の手を差し延べることができる点にある。法律に基づいて提供されるこれまでの福祉援助は，年齢によって根拠法が異なり，援助の継続性が保たれないことが少なくなかった。この多様なライフステージにわたる長期的なアプローチは，地域を拠点に置いたソーシャルワーカーが本人の生活の場にいることによってもたらされる。

　第4の意味は，多様な担い手たちが相談活動に参画し，ネットワークや連携・協働によって総合的に働きかける点にある。ここでの担い手には，専門職や行政関係者だけでなく，地域住民やボランティア等によるインフォマールサポートも含まれる。地域の課題を地域で解決するという地域福祉の潮流を追い風として総合相談が重視されるようになったことと密接に関係している。

　第5の意味は，本人と地域との関係を重視し，総合的かつ一体的に変化をうながす点にある。つまり，ソーシャルワークにおける課題解決とは，本人の変化だけをうながすことではなく，本人をとりまく環境を一体的に視野に入れて変化をうながすことに大きな特徴がある。本人を地域から引き離して個別に援助を提供するのではなく，本人が生活している場で援助を展開するからこそ可能になる特性といえる。

3　理念に基づいた「総合相談」の展開とその課題

　地域生活上のニーズにどのように対応するかは，ソーシャルワーク実践のいわゆる「入口」の議論に連なるものである。そして，「入口」の設定は，同時

112

図3-2 地域を基盤としたソーシャルワークの理念に基づいた総合相談の展開

入口	プロセス	出口
・排除のない「生活のしづらさ」へのアプローチ ・全世代・全課題への対応 ・「制度の狭間」へのアプローチ ・予防的支援としての早期把握・早期対応	・小地域における相談支援体制の構築 ・「伴走型支援」の推進 ・個と地域の一体的支援（個を地域で支える援助） ・多様な担い手の参画 ・ネットワークによる連携と協働	・多様な居場所と就労機会の創造 ・個と地域の一体的支援（個を支える地域をつくる援助） ・小地域における「助け合い」のしくみの構築

本人の生活の場を拠点とした援助の展開（アウトリーチの実践）

地域における新しい「つながり」の構築と多様な「支え合い」の創造

出典：岩間伸之「地域ニーズを地域で支える─総合相談の展開とアウトリーチ─」『月刊福祉』2016年8月号，全社協，2016年，27ページ

にソーシャルワークの「出口」，つまりソーシャルワーク実践のゴールをどこに設定するのかという論点と深く関係する。「入口」は，実践としての「プロセス」を経て，やがて「出口」（地域づくり）につながることになるからである。「1つの事例が地域を変える」という地域を基盤としたソーシャルワークのコンセプトにおいても大きな意味を持つ。

図3-2では，地域を基盤としたソーシャルワークの理念に基づいた「総合相談」の展開を図式化した。「入口」の設定は，「出口」のあり方にも影響を与えることを強く認識しておく必要がある。つまり，「入口」を広げることは，「出口」も広げることになるからである。

「入口」では，「生活のしづらさ」への排除のないアプローチ，つまりは全世代・全課題への対応が求められ，結果として「制度の狭間」へのアプローチにつながる。これは，予防的支援としての早期把握・早期対応をも意味することになる。この「入口」と地続きに「出口」が位置づけられる。ここでは，多様な居場所と就労機会の創造，個と地域の一体的支援としての「個を支える地域を作る援助」，さらに総合相談の着地点として，小地域における「助け合い」のし

くみの構築が展開されなければならない。

　この「入口」と「出口」をつなぐのが「プロセス」である。この「プロセス」に援助の特質が反映されることになり，これが不十分であれば「出口」に至ることはない。図3-2では，小地域における相談支援体制の構築，「伴走型支援」の推進，個と地域の一体的支援(個を地域で支える援助)，多様な担い手の参画，ネットワークによる連携と協働といった，地域を基盤としたソーシャルワークのいくつかの特質を列挙している。

　さらに，図3-2で示したように，総合相談の推進とは，アウトリーチの実践，つまり本人の生活の場を拠点とした援助の展開そのものであることも重要な構成要素となる。そもそも「総合相談モデル」で示したように，ここでの基本ユニットとは，生活の場である小地域を舞台として展開するものである。

　第2章第2節1の3)で示したように，本書では，「アウトリーチとは，本人の生活の場に近いところへ出向き，本人を基点として援助を展開する実践の総体である」と定義している。家庭訪問等の個別訪問による援助のみならず，住民にもっとも近い地域を拠点とした援助を展開することも含んだ実践概念である。本人の住む地域を拠点として，そこの地域住民を含む多様な担い手の参画を図ることになる。こうしてみると，アウトリーチとは地域を基盤としたソーシャルワークそのものと限りなく重なり合うことになる。地域における総合相談体制の構築とは，アウトリーチの拠点，つまり基本ユニットとして設定した地域を基盤としてソーシャルワークの実践の場を創造することを意味するものである。

　「入口」から連なるこうした「出口」の設定，加えてアウトリーチの実践は，総合相談モデルの最終目標として，地域における新しい「つながり」の構築と多様な「支え合い」の創造にあることを示すことになる。つまり，ニーズや課題をなくすことがゴールとなるのではなく，ニーズや課題を持ちながらも地域でその人らしく尊厳をもって生活できることが理念的なゴールとなる。

　この「総合相談モデル（理念型）」の推進に際しての課題について，構造的側面と機能的側面の両面から整理しておく。

　構造的側面からの課題としては，地域の特性を活かしたシステムづくりが不可欠であることである。日常生活圏域レベルにおいて地域生活上のニーズ（生

活のしづらさ）を地域で解決するためのしくみづくりには，当該地域の社会資源を最大限に活かすことが必須となる。総合相談モデルで示したように，専門職と地域住民とが協働できる形をそれぞれの基本ユニットで描くことが求められるが，これは地域住民との信頼関係や小地域福祉活動等のこれまでの取り組みが下地となるものである。このことによって専門職と地域住民が協働しながら，予防的アプローチを包含した「個と地域の一体的支援」を実践する場となる。

　機能的側面からの課題としては，地域を基盤としたソーシャルワークのコンセプトである「1つの事例が地域を変える」という個別支援と地域支援の融合を視野に入れた展開が求められることである。同時に，すべての福祉実践は，最終的には個別事例に還元されなければならないことを認識しておく必要がある。それを共通認識として，地域における複数の既存の相談機能を生活の場で再整理・再統合して本人の課題解決につなげること，換言すれば分散する多様な相談機能を個別事例ごとに再統合していくことも求められる。

第2節

地域拠点の開設に向けて

1 全戸訪問調査による生活課題の把握

　総合相談を地域拠点で展開するにあたり，まず生活課題と地域住民のつながりの実態を把握するため，「地域におけるご近所づきあいに関する調査」を実施した。この調査の目的は，①現時点での生活困窮者・社会的孤立者の把握，②生活困窮の状態に至るおそれのある人の把握，③地域内の支え合いの状況及び支え合い活動のしくみの把握，の3つである。②については，「予防的支援を要する人」の把握も意図している。一般的に実施されている行政等の調査では，障害者や高齢者，現に生活困窮の状態にある人等が主な調査の対象となり，「生活がしづらい状態になるおそれのある人」は対象とされていない。本調査は，5年後，10年後に確実に支援を要する世帯になると考えられる人を事前に把握することに重要な意義がある。

　調査対象は，北海道網走郡津別町内の13自治会499世帯である。町の全世帯における年齢構成及び生活保護世帯の割合とほぼ同じ割合となることとあわせ，支え合いの状況を把握するため自治会単位で抽出し，調査対象となった自治会については全戸を調査対象とした。調査は津別町役場，津別町社会福祉協議会，研究者により実施した。2015年8月から12月の4か月間で実施し，事前に郵送した回答用紙を各世帯に留め置いてもらい，回収は全戸を訪問し，訪問時には特に生活課題について聴き取りを行った。499世帯のうち調査票を回

収したのは422世帯であり，回収率は84.6%，回収することのできなかった15%程度の多くは若者世帯（集合住宅等）であった。

本調査で得られた主な結果は，以下のとおりである。

① **何らかの支援を要する世帯が3割にのぼる**

回答の得られた422票の調査票及び聞き取り調査の内容について，生活課題（困りごと）の困難性の程度及び内容について，一定の基準に基づき分析した。本調査の分析の特徴は，困難性の程度については，生活課題を次の3つに分類して把握しようとした点である。（図3-3）特に，予防的ニーズといえる「要支援予備群事例」の実態を把握できたことは大きな意味がある。

a. 要支援事例（現状のままでは放置できない状態にあり，早急に専門的援助を要する事例）
b. 準要支援事例（「要支援事例」には該当しないものの，周囲から何らかのサポートを要する事例）
c. 要支援予備群事例（「要支援事例」及び「準要支援事例」には該当しないものの，周囲が気にかけておく必要があり，将来的に支援を要する可能性がある事例）

その結果，「要支援事例」37件（8.8%），「準要支援事例」46件（10.9%），「要支援予備群事例」44件（10.4%）が確認された。これらを合計すると，全体の約3割が何らかの支援を要する可能性がある世帯であるということが明らかとなった。「要支援事例」と「準要支援事例」への対応はもちろん大切であるが，課題が深刻になってから事後的に対応するのではなく，「要支援予備群事例」

図3-3　困難性に着目した生活課題の分類

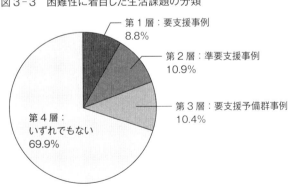

に早期にアプローチすることがきわめて重要となる。

② 15歳以上65歳未満の人のうち，2%の人が長期にひきこもっている

　今回の調査で明らかになったことの1つは，調査対象の世帯を丁寧に全戸訪問してみると，想定以上に長期にひきこもっている人が多かったことである。回収できた世帯のなかに長期のひきこもりに相当する人のいる世帯は11世帯あった。これは全世帯の2.6%に相当する。長期にわたりひきこもっている人は，全員が男性で，半数以上が40歳以上であった。なお，このなかの15歳以上65歳未満の年齢層にある人を現時点での津別町全体の生産年齢人口に当てはめてみると2.0%になる。

　長期のひきこもりは，今や社会的孤立の象徴ともいえる社会的課題の1つであるが，実際は相当深刻な事態となっている。その背景や要因も多様かつ深刻であるが，いずれも早期のアプローチが必要であり，また社会的居場所づくりや多様な就労の機会等，支援のための環境整備が不可欠である。

　この調査についてチームで振り返りを行った。その内容を下記に記す。

1) 実践における調査の意味するもの

A氏：既存の調査項目を使用するのではなく，調査項目からチーム全員で話し合ったことの意味は大きい。その上で，手分けして訪問したことにより実感を持って調査を行えた。ここがソーシャルワーカーの腕の見せ所だと思う。どうやって住民から「しんどさ」を引き出すか，それが腕の見せ所。

C氏：この調査で住民と顔見知りになれて，それはしんどさには代えられないものだと思う。

D氏：岩間先生からこの取り組みの必要性について説明があった上で，調査をすることも必要だと聞いたので，調査の必要性を理解できたし，重要性も実感できた。調査をしなくても実情がわかっているかと聞かれたら，実際はそこまで知らない。だから，多少しんどくてもやる価値があると思った。ただ，調査を全地区でできるかといえば，それはできない。モデルとしての取り組みだからこそできた。先に丁寧なレクチャーが（研究者グループから）あったから，調査をすることができた。「よし，やってみよう」と思えた。調査用紙も（研究者グループが準備した）たたき台があったけど，「住民の立場に立ったら○○とい

う項目が必要だ」と提案したら，すぐにそれを受け止めて形にしてくれる人（研究者）がいるということも大きかった。大変だったけど，「すがるところがある」という安心感があった。安心して言いたいことも全部言えた。

C氏：普段話したことのない職員と調査の道中でいろいろな話をしたことも，チームの結束が強まった要因だと思う。お菓子をくれた住民もいた。商店の前で住民2人，役場職員2名で話したことも，強く印象に残っている。

A氏：調査票があることで，普段は接点のない住民とも話ができた。心配な人を把握するための調査ではあるが，結果的に町民と触れ合えた。「調査」という期間が限定された取り組みであったことも大きいと思う。

B氏：やるからには，ある程度の目標やゴールがはっきりしていないとやる気がおきない。今回は目的が明確で一致していたことが大きい。ここでいう目的は，地域で困っている人を把握して，支え合いのための拠点を作るということ。どれくらい困っている人がいるのか，どんな地域なのかを目で見てわかる形になるということも重要だった。数の説得力はすごいと思う。

D氏：岩間先生の話は調査をするまであまり理解していなかったが，調査をしたことで言っていたことが本当の意味で理解できた。最低限の共通理解ができたと判断したところで調査に踏み切り，調査を行うなかで「地域拠点はこんなことをするんだ」という理解ができた。

A氏：（行政内で）どこの係が担当するのかはっきりしていなかった「狭間の事例」がみえた。どうにかしなければならないというきっかけになった。調査でのさまざまな思いが，次の拠点を作っていこうというモチベーションにつながった。覚悟は取り組みのプロセスのなかで構築されるもの。突然に覚悟はできない。

C氏：調査をして実態がわかっても，それが次の取り組みにつながらなければ意味がない。ひきもりの人のいる世帯がわかったり，実際その家族から話を聞いたことは調査の意義として大きかった。住民からちゃんと話を聞けたのは調査のおかげ。調査で課題の掘り起こしをした。逆にいえば「みなくて済んだ課題」を発掘した。そのことを負担に思うのではなく，今は発掘できてよかったと思っている。自分のなかで覚悟ができた。次に訪問するきっかけ，踏み込むきっかけにもなった。住民の人たちがアンケートに答えてくれることが，自分の背中を押してくれた。「踏み込むのが怖い」「面倒だ」と思っていた自分がい

第3章　地域拠点での「総合相談」の展開―理論から実践へ―　119

たが，住民がアンケートに答えてくれたことで，自分のなかにあったうずうずしていたものがなくなり一気に踏み出せた。

2）チームの力

B氏：岩間先生を信じて進んでいった。旗を振ってくれる人がいることが大切。
A氏：心が折れそうになったときに，「これからは予防型福祉なんだ」という言葉が自分をふるい立たせてくれた。いずれ自分たちの仕事にも活かされてくるということがわかった。
E氏：プロジェクトメンバー内の和気あいあいとした雰囲気に助けてもらった。
D氏：複合課題を抱える家庭は保健師の対象にならないため，保健師以外の専門職とチームを組んだことが大きい。やらなければならないことや本来の原点に立ち返り，これをきっかけにやらなければいけないと思った。

3）課題

A氏：「第一倦怠期」のときに，チームのなかに一人ひとりの様子をみてサポートしてくれる人が必要。継続するためにはよい役割分担ができることが大切。
D氏：調査の時点から他課の職員も巻き込んでいれば，今の拠点の取り組みにかかわってもらえていたかもしれない。
C氏：役割は最初から明確に決めておいた方がよかった。業務命令ではなかったから，本来業務が忙しくなったりすると置き去りになってしまう。
E氏：このような調査をいつもやり続けることは難しい。ここまで手間暇をかけなくてもできることがあるのではないか。今後は，調査をするにも工夫することが必要かもしれない。

2 モデル拠点開設のための地域選定

　調査を実施した13自治会のうち2自治会を選定し，総合相談の拠点開設に向けた準備を進めることになった。地域の選定においては，まず地域住民に集まってもらい座談会を開催，グループワークを通して地域の不安や生活課題に

ついて話し合いを行った。次の段階として，民生委員や自治会役員を中心に，担い手となる人に集まってもらい，この取り組みの必要性を全員で確認した。

　拠点を作ることになったモデル地区2か所には，それぞれに特徴がある。A自治会は町の中心部から近く，住宅が密集したいわゆる住宅街である。持ち家が大部分を占め居住年数も長いため，古くからの知り合いが多く，地域内の支え合い活動が残っている地区でもある。この地区の生活課題に関する調査結果の特徴は，要支援事例割合が14％と高く，4名のひきこもりの状態の人がいるという点である。支え合い活動はみられるものの，そこからひきこもりの状態にある人が孤立していることも推察される。

　もう1つのB自治会は，町から10km程度離れており，住宅の点在する集落である。2年前には小学校と保育所が統合され，地域の盆踊りも開催されなくなり，地域全体で集まる場や機会が少なくなっている地域である。生活課題に関する調査結果については，町全体と比較すると，要支援事例は少ないものの，準要支援事例の割合と要支援予備群事例の割合が高いという特徴がある。

3　地域拠点活動の周知

　地域拠点での総合相談活動を開始する前に，担い手である住民への説明会と話し合いの場を複数回設けた（表3-1）。このことが，地域拠点及びそこでの活動に携わる担い手の理解をうながすことにつながった。

　地域拠点での総合相談活動を担う住民を募集するために，地区内で担い手募集の回覧版を回した。ただ，やはり回覧板だけでは担い手を集めることは難しく，調査を実施する時点から複数回にわたりこの活動の意義や必要性について住民に説明を行ったことに，大きな意味があったものと考えている。住民から地域活動への協力を得るためには，ただ「お願い」するのではなく，なぜその活動が必要であるのかを住民とともに考え，行政，専門職，地域住民である担い手とが共通認識を持つことが必要である。そのようなプロセスを踏まえなければ，活動は一過性のものに終わってしまい継続は困難になる。

表 3-1　調査及び拠点開設までのプロセス

	日にち	内　容
1	2015 年 7 月 13 日〜随時	調査対象自治会長宅を訪問し，調査の説明と住民向け事前説明会の案内
2	2015 年 7 月 16 日	津別町自治会連合会役員会にて調査の説明
3	2015 年 7 月 30 日	調査対象自治会への事前説明会実施
4	2015 年 8 月	8 月号広報に調査実施の記事を掲載
5	2015 年 8 月 4 日〜	自治会ごとに調査票を発送
6	2015 年 8 月 11 日〜	調査実施
7	2016 年 6 月 30 日	自治会連合会役員及び調査対象自治会での調査結果報告会開催
8	2016 年 9 月 7 日	A 自治会での報告会の開催
9	2016 年 9 月 21 日	A 自治会地域支え合い懇談会の開催
10	2016 年 10 月 5 日	A 自治会身近な福祉相談所開設
11	2016 年 10 月 5 日	B 自治会での報告会の開催
12	2016 年 10 月 11 日	B 自治会地域支え合い懇談会の開催
13	2016 年 11 月 8 日	B 自治会身近な福祉相談所開設
14	2017 年 1 月 17 日	地域支え合いフォーラム 2017 の開催
15	2018 年 2 月 7 日	地域支え合いフォーラム 2018 の開催

4 町の協力を得るために

　地域拠点での総合相談を実施するためには，町の協力は不可欠である。そこで，私たちは実践に携わるメンバーとの協議と並行して，町の了承を得るために町長への説明も行った。以下，町はなぜこのプロジェクトを行うことに了承したのか，町長へのインタビューから振り返る。

1）この調査研究プロジェクトはなぜ可能となったか

　地域の中にひとりでは生活が難しい人たちがだんだんと増えてきている，というボヤッとした印象をもっていたし，社会福祉協議会は局長を中心に頑張っ

ていて，町の保健福祉課もいい動きをしてきて，社会福祉協議会とつながりながら何かしなくてはいけないということを，これまでの流れを見て感じていた。

そのようななかで，岩間先生から「『地域相互支援型自治体推進モデル』を実施したい」「北海道で人口が増えている東川町と人口が減り続けている津別町をピックアップした調査活動により，モデルを作っていきたい」という話を受けた。町としても調査研究をしていただきたいと思った。この調査研究には町の職員，社会福祉協議会，地域の協力してくれる自治会の住民たちが一体となっていくことが示されている。そのようなことは早々にできるものではなく，それを研究者が中心となって学者としての知見も含めながらやることは，地元にも力がついていくし，ものの見方もいい視点が育まれていくと感じたので，是非やったほうがいいと思った。

2) プロジェクト事業の成果について，町として感じること

今回の（議会での）一般質問でもあったように，数字がみえてきた。困っている人，自立するのに支援しなければいけない人がみえてきた。実際に（今回の調査研究で）約500世帯を戸別に家庭訪問した結果，40歳以上の年齢の高い人の方がひきこもりの率が高いことがわかった。かつ，（ひきこもりは）女性よりも男性が多いということもわかったことで，現状がわかってくれば一度には解決できないものの，打つ手として少しずつ考えられることが出てくる。その人たちに少しでも外に出てもらえるように，社会復帰できるように，農園を開いてみたり居場所を作ったりなど，実際に1つひとつ具体的な活動に変わってきていることが，非常に良いと思っている。

介護保険制度が2000年にできて，対象となる家庭には対象となる方の他にお子さんや家族がいて，その人たちがいても足りないことは助けてあげなければならないというボヤッとしたイメージはあった。しかし，（介護保険制度開始から）18年経つと変化する。家族で（家庭に）いる人が少なくなってきて，老老介護や一人暮らしの方が増え，そして2025年問題ではそのような世帯はさらに増えていく。介護保険ができてから今に至るまでの状況をみていくと，たった18年で変化が出始めているという感じを受けている。非常に厳しい状況になってきている。それを地域包括ケアシステムで，医療も介護もいろいろなこ

第3章　地域拠点での「総合相談」の展開―理論から実践へ―　123

とをミックスして，インフォーマルサービスも全部一緒に（提供）することで効果的な対策ができないかと思っている。さまざまな生活課題のある人たちが今現在，どのような生活をしているのかということがわかっただけでも，この取り組みは非常に意味があったと思う。

3）今後に向けて

研究者とつながっているということは，他の事例をいろいろ持っている人とつながっているということ。津別町を参考にすれば，（日本全体に活動が）展開していくかもしれない，というように俯瞰的にものをみていただける研究者が引き続き一緒にいてくれることは，非常にありがたい。

第 **3** 節
地域拠点での「総合相談」の取り組み

1 身近な福祉相談所ぽっと

　2019 年現在，津別町内には 4 か所の総合相談拠点（身近な福祉相談所）が開設されているが，ここではモデルとして最初に開所した 2 か所を取り上げる。相談所の開設当初，相談所に名称はなかったが，「名称があったほうが，より身近なものに感じられるのではないか」という担い手からの提案により，相談所に名前をつけることになった。地域の担い手，行政担当者，社会福祉協議会担当者等で話し合い，相談所の名称は「身近な福祉相談所ぽっと」に決まった。

　最初の総合相談拠点（相談所）は，2016 年 10 月に開設した。相談所の運営は，主に民生委員や自治会役員からなる地域の担い手 10 名と町の担当者，社会福祉協議会の担当者であった。

　A 自治会の担い手は女性が多いこともあり，地域の中で潜在化している課題が浮かび上がってくることも多い。個人情報の取り扱いについては規定がないため，相談所内で得られた情報については守秘義務を遵守することを重要な約束事としている。また，相談所での話はいわゆる地域の「うわさ話」ではなく，地域住民を地域住民が支えるために必要な情報であるとの共通認識を持ち，相談所以外の場で他言することのないよう申し合わせを行っている。

　現在，A 自治会の担い手からは，相談所で「待つ」だけではなく，専門職と担い手がペアになり同行訪問やアウトリーチをしてはどうか，といった意見

第 3 章　地域拠点での「総合相談」の展開—理論から実践へ—　125

が出ているものの，A自治会は住宅が密集している地域であるため，同行訪問をすると近隣の住民に訪問を受けたことが知られてしまうのではないか，といった危惧があり実行には至っていない。

B自治会は，A自治会から1か月遅れの2016年11月に福祉相談所が開設された。地域の担い手6名と行政担当者，社会福祉協議会の担当者とで運営している。B自治会はA自治会と異なり，担い手の大半は男性である。そのため，

身近な福祉相談所ぽっと

[A自治会] 身近な福祉相談所ぽっとの様子

［B自治会］身近な福祉相談所ぽっとの様子

当初なかなか話が膨らまない，次の話に進まないといった課題があった。しかし，担い手から「地域の状況を把握したい」という要望が出され，早い段階から，準要支援事例，要支援予備群事例の世帯をはじめ，家族との同居ではあるものの，「日中独居」である世帯やひきこもりの人のいる世帯への訪問活動を始めている。訪問は地域の担い手と行政，社協担当者で行っており，2～3人が一組となり家庭訪問を実施し，訪問後は相談所内で情報共有をしている。

2 「総合相談」の体制構築における行政の役割

　多様な担い手がかかわりながら，本人の生活の場で援助を展開することは，本人の地域での生活を継続するためには，きわめて重要な取り組みである。地域を基盤としたソーシャルワークでは，本人が生活する場を拠点として，本人及び本人を取り巻く環境を対象に一体的に働きかけを行うことになる。このことは，予防的な働きかけにもつながる。本人の生活の場に出向き，そこで援助を展開することは，深刻な状態になる前に対応することが可能になる。深刻になる前に対応するということは，それだけ援助の選択肢を多く持てるということであり，本人の側に立った援助の可能性も広がりをみせる。

第3章　地域拠点での「総合相談」の展開─理論から実践へ─　127

また，本人の生活の場で援助を展開するということは，援助対象の拡大にも
つながる。さらに，本人の課題を個別にみるのではなく，生活を中心として生
活上で生じる生活のしづらさそのものに焦点を当て援助を展開することが可能
となる。多様化・深刻化する生活課題のなかには，現行の制度の枠組みでは対
応できない，いわゆる「制度の狭間」にあるものが多く存在する。岩間は，制
度の狭間を作り出したのはソーシャルワーカーであることを，厳しく指摘して
いる。専門職としてのソーシャルワーカーは，援助の対象者を制度上の枠組み
で選別することなく，生活のしづらさにより対象者として従来では援助の対象
とならなかった課題にも対応していかなければならない。

　地域の課題は複雑化しているため，特定の機関や専門職による援助だけでは
対処することはできない。そのため，本人を中心として，その周囲に複数の機
関，専門職，地域住民等がネットワークを形成し，連携と協働により援助を展
開することが求められる。ネットワークを有効に機能させることにより，地域
の社会資源を活用しながら援助の幅を広げることが可能となる。もちろん，ネッ
トワークやチームには，インフォーマルサポートも含まれ，フォーマル，イン
フォーマルの社会資源と協働して援助システムを構成していくことになる。こ
のしくみを作るのは，あくまでも行政である。地域の中で個を支えるしくみと，
個を支える地域を作るためのしくみは，行政の責任のもとで整えられなければ
ならない。そしてこのことは，行政にしかできないことである。行政はその覚
悟を持ってしくみを作り，チームがうまく機能するように側面的に支援しなが
ら，地域のさまざまな機関や専門職と意思疎通を図ることのできる体制を整え
ておくことが求められる。

3 「総合相談」における専門職の役割

　「総合相談」は，2006年度に地域包括支援センターが創設されて以降，地域
福祉の推進において重要な概念とされてきた。

　本章第1節で述べたとおり，総合相談を推進するために中核となるエリアは，
中学校区レベルを想定する日常生活圏域であり，かつ実践上の基礎単位となる。

総合相談は広域では推進することはできず，そのため小地域レベルで展開することになる。ここでは中学校区レベルの範囲としているが，さらに小さなエリアを基本ユニットとすることが理想である。そしてこの基礎単位となるエリアはアウトリーチの拠点にもなる。伴走型の個別的かつ継続的な支援は，本人の生活の場である地域を拠点として初めて可能となる。まず専門職は，アウトリーチのあり方を再考するとともに，住民に近い場所に拠点を置きアウトリーチを展開することの重要性を再確認することが求められる。

　そして総合相談では，エリアを設定した上で地域を担当する専門職と専門職ではない地域側の担い手とが，日常的に協働できる体制を包含する。地域側の中核的担い手とは，当該地域の住民であり，地域活動の担い手を想定する。総合相談の核となるのは，「地域担当の専門職」と「地域側の中核的担い手」との日常的な連携・協働である。専門職は，地域住民を対等な地域活動の担い手として認識するとともに，日ごろから地域の担い手と協働することになる。また，その際には，専門職の専門性は分野ごとに選別されるものではないことを意識しなければならない。実際に職務を遂行している場が対象者別の機関や事業所であったとしても，土台には「社会福祉」の理念があることを想起しながら，対象者を選別することなくワンストップで受け止めることが必要である。

　また，連携と協働の中心にあるものは「本人」である。本人を中心として，複数の機関やさまざまな専門職，地域住民等がネットワークを形成し，連携と協働によって援助を展開することは，現代の生活課題に対応するためには必要不可欠なことであり，その重要性も増している。専門職は，この連携と協働の中心には本人がいるということを忘れてはならない。あくまでも本人の側に立った連携体制を作りあげるのである。

　さらに，複雑化，多様化した生活上の課題に対応するためには，専門職のみでは援助には限界がある。本人の生活のしづらさに焦点を当てた援助を展開するためには，地域住民等のインフォーマルサポートの積極的な参画が必要となる。専門職は，住民の参画をうながしながら，住民が安心して活動できるようにサポートしつつ協働していくための役割も担う。地域を基盤として援助を展開するためには，専門職には近隣住民やNPO，ボランティア等の「地域の力」を活用するという視点を持ちながら専門性を発揮することが求められる。

第3章　地域拠点での「総合相談」の展開―理論から実践へ―　129

図3-4　地域を基盤としたソーシャルワークの記録様式

シート1

日時(担当者)	対象者	個への働きかけ(A¹+B²)	個と近隣住民の接点への働きかけ(A³)	地域への働きかけ(B¹)
月 日( ) ：～： (担当者：　　)				

※ A1、A2、A3、B1 は、図 2-4 を参照

シート2

日時(担当者)	地域拠点の様子	ワーカー活動内容(B² を含む)	評価(課題と展望)
月 日( ) ：～： (担当者：　　)			

※ B2 については、図 2-4 を参照

地域拠点開所日には，専門職は毎回このシートに対象者への働きかけと地域への働きかけ，そしてその動きを記録する。対象者への働きかけについても，地域を意識した記録を作成し，専門職間で共有している。

4 「総合相談」における地域住民の力

　現代の社会では，各分野の機能分化が進んでいるため，生活を営むには複雑化した機能と複数の接点を持ちながら，生活の必要性に応じてそれらの機能を自分で判断し組み合わせて活用することが求められる。しかし，すべての人が容易に機能を活用できるわけではない。これらから取り残された人々は生活が立ち行かなくなり，次第に近隣の人々との間に距離が生まれ，いわゆる自立した生活を営むことに困難が生じる。人間は社会的な生き物であるため，そもそも社会や他者とのかかわりなしに生活することは不可能である。そのため，地域社会からの孤立や孤独はさまざまな生活上の課題やニーズを生み出す原因となる。

　その結果，地域の中には，課題を抱えながら生活する人も少なくない。それは現代に限ったことではなく，いつの時代にも共通することではあるものの，課題の質は変化している。生活課題の深刻化，多様化，潜在化が顕著となった結果，課題は見えづらくなっている。さらに，これまでの制度の枠組みに当てはまらない，いわゆる「制度の狭間」にいるとされる人々の課題も深刻化の様相を呈する。

　また，一方で地域における人々のつながりは希薄化しているという現実もある。それは他人だけに限ったことではなく，親類縁者のつながりも同様である。これまでの地縁・血縁によるつながりは瓦解している状況であり，「無縁社会」は否応なしに到来する。なかには，いまだに相互扶助のしくみである「結い」や「もやい」が残っている地域も一部あるものの，そのような地域は日本全体を見渡してみてもほんの一握りである。「遠くの親戚よりも近くの他人を頼る時代」といわれる一方で，地縁も瓦解しているという厳しい現実がある。

　地域における生活課題が多様化することは，担い手の多様化を意味する。課題解決の主体はあくまでも本人であり，援助者は本人の置かれている状況に合わせた援助システムにより援助を行う。つまり，サービスや制度に本人を合わせるのではなく，本人にサービスや制度が合わせるのである。このことは，個別の課題に個別に働きかけるのではなく，複数のニーズに対して一体的に働き

第3章　地域拠点での「総合相談」の展開—理論から実践へ—　131

かけることにより変化をうながすという，ソーシャルワークの基本的視点に基づくものである。そして，援助システムのなかに地域住民等のいわゆるインフォーマルサポートが積極的に参加することが求められる。ここでの地域住民とは，通常担い手として期待される民生委員や児童委員等の特定の地域住民のみを意味するのではなく，本人の生活する場で同じ地域住民として生活する不特定多数の住民も担い手となるという認識である。同じ地域住民という立場だからこそ，わずかな変化への気づきや日常的な声かけが可能となるのである。そのことは，地域住民にしか担えない役割である。

5 担い手，行政，専門職の変化
—プロジェクトから町の取り組みへ—

　A自治会は住宅の密集している地域であるため，各戸に訪問するとすぐに近所の住民に訪問していることが知れ渡ってしまう。そのことを危惧した担い手は，住民の側から地域拠点に足を運んでもらえるよう，要支援予備群事例を含む生活課題を要する世帯への働きかけを行うことにした。その結果，2017年8月からは，要支援予備群事例に限定せずさまざまな世帯の人が集まることができるよう，住民同士の雑談を目的としたサロン形式の場を設けている。

　B自治会では，時間の経過とともに担い手が固定化され活動が停滞気味になるという課題がみられ始めていたが，各戸への訪問活動を開始し，さらには自主防災組織の立ち上げや講習会，サロンの開催を計画するなど，拠点としての課題に向き合い，担い手の力で活動を継続している。現在では，担い手が訪問することを楽しみにしている世帯も増え，地域拠点の担い手と地域住民との関係性が構築され始めている。

　また，A自治会とB自治会の双方の担い手から，お互いの取り組みを共有したいとの希望が出され，交流活動が行われるようにもなっている。交流することは，各拠点のモチベーションを上げることにつながっている。

　専門職及び行政には，当初，本プロジェクトを継続させることへの葛藤もあった。しかし，「事後対応型の福祉」から「事前対応型の福祉」への転換は，

地域及び住民によりよい生活環境を提供することにつながり，行政や専門職にとっても長い目でみると業務負担の軽減につながることになると信じ，今日まで活動を継続してきた。さらに，地域住民との協働による事業であるため，住民の担い手が自ら訪問記録や名札を作るなど，担い手の変化を間近で感じることができた。そして，相互に情報共有や意見交換が可能となり，行政や専門職にとっては，住民の変化や反応をダイレクトに確認することができるという利点もある。

　2018年度からは，図3-5のフェーズⅡの取り組みの一環として，地域拠点で把握されたいわゆる支援困難事例を解決する場を作っている。これは行政が主体で開催するものであり，社会福祉関係機関はもちろんのこと，教育機関，警察，消防などすべての機関や団体が一堂に会し，ネットワークを形成しながら困難事例の検討と役割分担を行っている。当初，研究プロジェクトから始まったこの活動は，今はまちの取り組みとして展開されている。

ネットワーク会議の様子

第3章　地域拠点での「総合相談」の展開―理論から実践へ―　133

図3-5 地域相互支援型自治体推進モデル

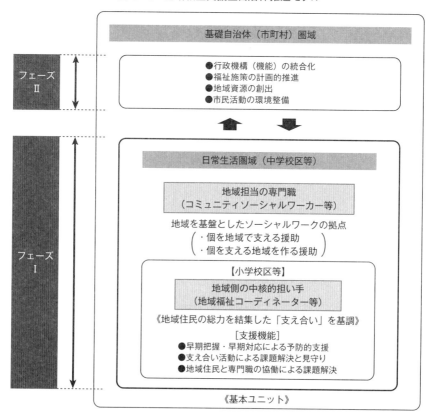

岩間伸之作成

6　1つの事例が地域を変える

「1つの事例が地域を変える。」これは岩間の言葉であり，私たちの信念であり，確信でもある。本プロジェクトの取り組みのなかでは，プロジェクトメンバーもこのことを実感することが多々ある。そのなかでも印象に残る事例を紹介する。

80代の母親と50代の息子の2人暮らし，いわゆる「8050問題」と呼ばれる

事例である。息子は本州から津別町に戻った後，15年以上無職の状態であった。すぐにカッとなる性格で，母親に物を投げつけたり，ベランダのガラスを壊すことはしょっちゅうで，生活は母親の年金に頼っている状況であった。本プロジェクトによる生活課題の調査により，母親は「自分が亡くなったら，息子はいったいどうなるのか」と心配し，困惑していることが明らかになった。本事例の親子については，行政や専門職よりも地域でともに生活をする地域住民が多くの情報をもっており，その情報は地域拠点で共有をすることができた。このことは，地域拠点を地域住民と協働で展開することの強みである。地域拠点での話し合いの結果，息子への直接的な支援は社協が担当することになり，母親に対しては地域の担い手が担当することになった。担い手は，母親に声をかけることを積極的に行い，老人クラブの例会に誘ったり，挨拶をするなどの役割を担うことになった。

　約1年半のかかわりを通して，社協はひきこもりの状態であった50代の息子と面談できるようになり，息子と地域住民とが日常会話を交わすことができるようになった。そしてこの息子は，社協が中間的就労の場として開設した社協あぐり（農園）にも，毎回ボランティアの人たちとともに参加し，汗を流すようになった。また，自治会が行っている一人暮らし高齢者等の福祉除雪の担い手として活躍するまでになった。まさに，「支えられていた側」が「支える側」に変わってきたのだ。15年以上もの長い間ひきこもりで，地域住民との接点のなかった状態から，こうした日常会話を交わしたり地域に貢献できるまでになるという変化は，行政や専門職のみでは到底不可能であり，地域住民との協働による取り組みだからこそ実現できたものである。

　上記の事例をとおして，地域拠点の担い手がひきこもりの状態にある住民に対して積極的に声をかけるなど，行政や専門職だけではなく，地域住民も一緒にひきこもりの人を支援する地域に変化しつつある。「個を地域で支える」「個を支える地域をつくる」ということは，地域拠点の活動により可能になる。

　従来，専門職や専門機関がいわゆる「当事者」に対する働きかけを行ってきた。しかし，「個を地域で支える」ことは，専門職や専門機関のみが当事者への働きかけを行うのではなく，地域住民である担い手も当事者に声かけをする，あるいはできる部分を担うことにより，その取り組みは担い手ではない住民に

第3章　地域拠点での「総合相談」の展開—理論から実践へ—　135

も広がり，優しい地域になっていく。このことも，住民との協働により初めて可能となるものである。

7 専門職の立場からの振り返り

　本プロジェクトに保健師の立場で参加した丸尾美佐氏の振り返りを紹介する。

地域住民との協働による取り組みから得られたもの
―専門職の立場から―

　「この集まりは，ただ噂話をしている会ではないんですよね」

　本プロジェクトを振り返るとき，総合相談拠点で何度も繰り返し聞かれたこの言葉を思い出す。「身近な福祉相談所ぽっと」と名づけられた地域の総合相談拠点（以下「相談拠点」）は，そんな不安な声が聞かれるなか，2016年度に初めて開設された。

　相談拠点は開設地域の集会施設を会場として定期的に開所し，地域の支え合い活動に関心が高い住民が運営の「担い手」となり，社協や行政職員は相談に携わる「専門職」の立場として参加した。現在，相談拠点は町内4か所に広がり，それぞれが地域の実情を踏まえた運営スタイルを持ちつつ，担い手と専門職とが互いに情報や活動状況をフィードバックし合える場になっている。

　冒頭の発言が聞かれたA自治会は，おおむね集会所内での話し合い形式をとっている。まず，担い手が心配と感じている地域の情報について専門職が聴き手となり，双方向の情報交換で対応を協議する。その後，訪問支援につなげるという方法である。当時はその情報交換を「うわさ話」と感じる担い手もおり，不安や戸惑う様子もみられた。地域の支え合い活動は，当人の「心配な部分」を支援者が情報共有することで，ネットワークが広がっていく。相談拠点の目的を踏まえると，さらに踏み込んだ「個人情報」の共有が行われる可能性があった。相談拠点での不安については，本プロジェクトを協働で進めていた岩間先生のチームから明瞭に考え方を示していただいた。具体的には，この場での情報は本人のために活かされるためのものであり，目的をともなわない「う

136

わさ話」ではない。よって相談拠点から外へは漏らさないことを地域拠点の決まりごととした。この説明対応を指針にし，専門職が相談拠点の役割を丁寧に繰り返し語りながら担い手の理解を深めていった。

　一方，専門職側でも度々，相談拠点の意義や将来について意見が揺らぐこともあった。いまだかつてない新しい取り組みであったため，自分たちにかかる責任と専門職が相談拠点にかかわる意味について不安視する意見が上がるたびに，研究者と専門職で行う定期的な全体協議が，大きな道標となったと感じている。

　専門職として相談拠点に参加するたびに感心することは，担い手の情報量である。その地域に長く住むことによる顔見知りの関係のなかで，生活課題を持つ家庭やご本人のことを子ども時代からよく知っているため，課題解決の糸口となる生活歴の把握がすでになされているのだ。それに対し専門職は，担い手，専門職，それぞれの立場から支援できることを提示したり引き出したりしながら，担い手がこの相談拠点の意義を感じつつ，活動に参加してもらうことを心がけた。

　印象に残っている事例がある。相談拠点において「高齢の親と無職の子」のとある家庭に対し，親亡き後の子を心配する声が担い手から多く聞かれた。その際の情報で，生育歴から何らかの精神的な障がいが予見されたため，PSW資格を有する社協のソーシャルワーカーが家庭訪問を繰り返し，丁寧にかかわりを持った。母親が心配するわが子の将来。本人の思う社会参加への不安。それらを受け止めながら，利用可能な福祉制度の説明と申請等の手続きを支援し，本人には社協行事の参加から段階的な社会復帰を目指した。相談拠点においては，町内会の集まりで顔を合わせた母親に「心配なことはないかい？」と声をかけた，地域や社協事務所で本人を見かけた際には「頑張っているね！」と声をかけたなど，担い手がそれぞれの立場で親子を支援している様子が伝えられた。専門職からは，親子への支援経過が報告され，担い手からの情報が有効に活かされていることを実感してもらう場となった。現在この家庭は，福祉制度により生活を支えながら，子は障害者総合支援法による就労までステップアップし，社会的な役割を獲得することにつながっている。

　相談拠点での活動がきっかけで，地域住民が親子の支え手となるという変化

が起こり，声かけ，見守りが自然に発生したり，担い手と専門職との情報交換を通して，子が自立していく過程をともに喜びあえるようになったことは，大きな成果だったと感じている。

　このプロジェクトをきっかけに，支援を必要とする事例は，多様な課題を持ち複雑化しているということを実感した。また，精神的な障がいを持つ方への偏見や誤解は，地域住民の戸惑いや不安感につながっていることも実感した。

　専門職として社協のソーシャルワーカーは，福祉の立場から生活課題を持つ事例や，障がい者への支援を行っている。具体的には，地域の障がい者の相談支援，障がい者が孤立しないような働きかけ，就労支援，地域住民への啓発活動を担っている。ともにプロジェクトに参加する保健師は，多様な年代層へ向け，医療・保健の見地から「早期発見」「重度化予防」の活動を行っている。両者は拠点において互いに連携しながら，住民（担い手）の声を拾い上げ，対応について助言を行ったり，社会・医療・福祉をつなぐ役割として，専門性を発揮している。こうした地域での協働活動から住民と専門職との信頼関係が生まれ，専門職のアドバイスが住民の安心感と一歩踏み出すきっかけとなることがわかった。

　地域の基盤づくりには，このような住民の持つ情報が活かされフィードバックできる場としての機能，社会参加，就労等の多様な場，住民主体の活動をバックアップできるしくみが重要で，専門職同士が互いの強みを活かして参画することが必要と考える。これからの社会福祉施策は，広い分野での住民同士の支え合いが求められる時代になった。個の支援を通して多様な専門職が地域を知り，その知見を活かして地域とつながっていくことが重要だと感じている。

コラム
北海道網走郡津別町の紹介

● 自然概況

津別町は北海道東部オホーツク圏の内陸部に位置しており，地形は，扇状に広がる河川と，これによって刻まれた山地によって形成され，山地は東部から南東部の境界となっている阿寒湖・屈斜路湖両カルデラの外輪山地，西部から南西部は，北見市，陸別町等に隣接する町界

山地からなっている。総面積716.80k㎡の約87％を森林が占め，森林管理認証(FM認証)の取得も進み，森林面積の約90％が認証森林となっており，適正な森林資源の保全と森林経営が推進されている。

気候としては，道東地区の内陸気候帯に属しているため，夏は相当の高温を記録するが，冬は流氷などの影響も受け寒冷で，寒暖差が大きいといった特徴がある。また，降水量が少なく，晴天日数が多いのも特徴で，全国でも有数の日照率を誇っている。

● インフラの整備状況

道路網は，国道240号が町域の中央を南北に縦断し，釧路市まで自動車で約2時間，網走市まで約50分という位置にあり，道東の中央に近い場所に位置することから，女満別空港，網走港，釧路空港，釧路港など空港及び重要港湾にアクセスしやすい場所に位置している。特に，女満別空港までは，車だと約30分で移動でき，空路での首都圏等へのアクセスにも優れ利便性が高い。

● 産業

　津別町の基幹産業は，豊富な森林自然を生かした林業及び木材の加工，木製品の製造業と，小麦，馬鈴薯，てんさい等の畑作及び酪農・畜産を主体に発展してきた農業である。

　特に林業及び木材の加工・木製品の製造などの製造業は，古くから津別町の基幹産業として町を支えてきたが，木材需要の低下と外国産材の市場占有率が増加したことにより，国内の林業の衰退に拍車がかかり，それに伴って津別町においても工場等が廃業に追い込まれるなど，徐々に衰退し，現在まで人口・就業人口ともに減収し続けている。

　1982年には，全国に先駆けて「愛林のまち」を宣言し，さまざまな取り組みが進められてきたが，同時に事業形態の見直しや生産軽費の低減化と高次元を実現するため，設備の近代化が求められる時代となった。

　現在，林業及び木材の加工・木製品の製造に関する企業数は，造材・素材生産業者が5社，木材加工業が13社を数えているが，木材の加工・木製品の製造に関しては，それぞれが特色をもって新製品の開発やそれに伴う技術革新を行っている。主な例としては，安価な輸入合板に対抗するために加工が難しい針葉樹を用いた構造用合板の製造，国内でも有数のNC加工技術を用いた木製家具や造形物の製作，高い技術力を生かした木工クラフトや経木の製作，国産としては唯一となっている木製スティック・スプーン等の製作があげられる。

　農業は農家戸数がここ数年は横ばいであるものの，農地の流動化と農業従事者の高齢化により減少している。そのなかで，魅力ある職業としての農業経営基盤の促進のため，年間農業所得と労働時間を他産業並みにするために農業構造の変換が進んでいる。農業経営の形態は先にも記載しているが，小麦，馬鈴薯，てんさい等，豆類を主体とした畑作経営と酪農畜産経営や野菜（たまねぎ）を取り入れた複合経営が行われている。

　津別町では有機農業推進協議会を設置し，「オーガニック牛乳」（有機JAS認証）の生産，畑作においては有機野菜（たまねぎ，人参，アスパラ等）

や特別栽培など環境に配慮した農畜産物の生産に取り組んでいる。

また，畜産では，津別町で育った黒毛和牛のブランド化の取り組みも行われ，首都圏への販売も行っている。

津別町における製造業の売上高は521億円と全産業の約80.5％であるが，うち木材・木製品製造業は513億円で，製造業全体の約98.55％を占めている。また，従業者数についても，製造業は全産業の約46.7％を占め，うち木材・木製品製造業（家具・装飾品製造業を含む）は，約92.4％を占める状況となっている（2012年経済センサス活動調査）。

● まちづくり

地域住民がまちづくりについてアイデアを出し，新しい連携のしくみを作って，自らがその担い手として活動を進めるまちづくりが始まっている。地方創生推進交付金を活用した移住・起業，空家利活用促進を目的とし，「企業支援型コワーキングスペース」や「地域融合型ゲストハウス」を中心市街地の空家のリノベーションにより住民が整備している。また，2019年3月に設立された「北海道つべつまちづくり会社」は，ふるさと納税業務や「クマヤキ」などの特産品開発・販路開拓，移住・起業・空家利活用業務を推進するなど，地産外消を推進し，稼ぎ発信するまちづくりを進めながら，町の賑わいを創出している。

● 特産品

津別町は，扇状に広がる河川流域に農村集落が形成されている中山間地域である。小麦，てんさい，馬鈴薯などの寒冷地作物を主体とする畑作と，酪農・畜産が津別の農業を支えている。その中から2つの特産品を紹介する。

オーガニック牛乳

津別町有機酪農研究会（7戸）が生産する「明治オーガニック牛乳」は，2006年に誕生した日本初のJAS認証有機牛乳。農薬や化学肥料を一切使

わず，堆肥などの有機肥料のみで育った飼料作物を牛に与え，厳しい飼育管理基準をクリアして牛乳を生産している。清らかで甘みのある味は，土づくりから牛の健康管理までの徹底した取り組みによる産物である。

流氷牛ジャーキー

津別町内の流氷ファームグループ5戸の牧場で生産が行われている「流氷牛」。その肉牛の加工品の1つが「流氷牛ジャーキー」である。流氷牛としての商標登録は2006年だが，グループでの肉牛生産はそれ以前から行われている。粗飼料は地域生産の良質な牧草や稲わらを給与，経営者グループで独自に作製した指定配合飼料を給与して肥育された黒毛和牛である。黒毛和牛の希少部位を使ったこだわりのジャーキーは脂がのって，噛むほど旨味がジュワーとあふれ出る逸品である。

オーガニック牛乳

流氷牛ジャーキー

● ご当地スィーツ

津別町市街から国道240号を，車を走らせ南下すること30分。道の駅あいおい（相生物産館）の賑わいぶりが大きな話題となっている。

週末になると，津別町のご当地スィーツとなった「クマヤキ」を求めて，行列ができることも！　数年前には考えられなかった現象に，町民も驚くことしきり。

では，その「クマヤキ」とは何ぞやだが，多くの方が不思議に思うこのスィーツを一言で説明するなら「たい焼きの『熊』バージョン」である。たっぷりしたお腹と，とぼけた表情が愛らしい「クマヤキ」

の原型は，相生地区在住のアーティスト大西重成さんがデザインした。

「クマヤキ」の誕生は 2009 年。当時の相生物産館関係者と担当の役場職員が「物産館の名物になるものを」と考案。物産館の特産品である自家製豆腐に使う自家製豆乳を，皮の生地やクリームにも使用しながら，「サクッ」でも「パリッ」でもない，「しっとり」感を出す工夫や，年代を超えて好まれる餡の甘さなど，何度も試作を重ねて現在の味に至っている。

当時，考案者の1人が筆者の上司だったこともあり，「今日は○○焼きの，餡の美味しさの秘密を探りに行く」「中に入れる具を変えて試作してみた」など，開発途中の裏話を聞く機会が多々あった。発売前には職場女子の試食会（意見を聞く会）が行われたことも，今となっては貴重で楽しい思い出である。

こうしてたくさんの人たちの思いをお腹いっぱい詰め込んで，「たい」ならぬ，「クマ」焼きが誕生した。

● 名物～住民のお節介とだいこんが地域を支える

津別町の名物といえば「お節介な心」。「お節介」というとマイナスの印象を受けるが，以下の意味で捉えることで良い印象を受けられるのではないだろうか。
・人情が厚い
・相手のためを思ってとられた行動
・真心からの行為

津別町で何かを始めようと思ったとき，欠かせないのが住民ボランティアの力。住民ボランティアが持つお節介こそが，地域の支え合い活動を進めるいちばんの力である。

その力はこんなところでも

活きている。「地域相互支援型自治体推進モデル事業」の調査で明らかになった生活困窮やひきこもりの人々が、地域とのつながりや就労を目指すための居場所を作れないだろうか。そんな思いが動き出したなかで生まれたのが「社協あぐり」という名の農園である。ひきこもり者等が将来、町の活性化に貢献できる就労の場づくりを目標として、市街地内の休耕地を借り開園した。

　ここで大活躍するのが住民ボランティアである。農具を寄付してくれる方、種や苗を譲ってくれる方、そして朝早くから集まり一緒に農作業をしてくれる方も大勢。そうして育てあげた作物たちは、馬鈴薯、たまねぎ、かぼちゃにキャベツと種類も豊富。そのなかでも津別町を驚かせたのは「だいこん」である。種植え作業にはりきりすぎた結果、収穫してみるとなんと「500本」を超えるだいこんの山が。そのだいこんたちは、町内の福祉施設や給食センターにおすそわけ。町内で開催されたイベントに出店し、津別町全域に羽ばたいていった。

　住民のお節介が力となって動いた取り組みは、困りごとを抱えた一人ひとりを大切にする個別支援と、やさしい地域を作る地域支援を一体的に進める一歩となった。誰もが住み慣れた地域で暮らしていくために、住民のお節介はこれからも続く。

第 **4** 章

ソーシャルワークにおける
「価値」の位置と全体像

第 **1** 節

ソーシャルワーク実践の根拠としての「価値」

　ソーシャルワーク実践の根拠に何を求めるのか。ソーシャルワークの本質とは，その実践の拠り所となる根拠のあり方と密接に関係する。この根拠に基づいた実践が，ソーシャルワークの固有性を導くことになる。

　ソーシャルワーカーによる「援助」とは何か。どのような成果を出せば，ソーシャルワーカーとしての援助が成功したといえるのか。ソーシャルワーク理論とは，こうした本質的な問いに対して答えを導き出すことができなければならない。

　社会生活上のニーズに対応するソーシャルワークの宿命として，社会の動きと深く関連して生じる生活課題の変化に合わせ，ソーシャルワーク実践のあり様も柔軟に変えていくことが求められてきた。時代の要請に応えることのできるソーシャルワーク機能を模索し続け，また高度に専門分化しながら発達してきたソーシャルワークは，激動する社会構造の変化にともなって，改めて「人を援助すること」の本質に目を向けるべきときが到来している。

　そもそも専門職として人を援助するということはどういうことか。そこに明確でシンプルな答えを求めることは難しい。当事者である本人一人ひとりの生活や人生に深くかかわるソーシャルワークの実践であるならばなおさらのことである。その一方で，ソーシャルワーカーという専門職としての実践の意義を社会に示し，その過程では実践を客観的に評価することが強く求められるようになっている。ソーシャルワーク理論は，こうした現実の課題とどのように折り合いをつけていくのかが求められる。

ソーシャルワーク実践の根拠となるべきソーシャルワークの「価値」の明確化は，長きにわたってソーシャルワーク研究における重要課題として位置づけられてきた。この「価値」をめぐる研究は，いわゆる科学的手法を用いた研究方法の難しさに加え，「価値」の中身を深く掘り下げるほど，哲学的かつ理念的なものとなり，結果として抽象的で難解なものとして示される傾向があったことは否めない。「価値」が実践を方向づける根拠となるべきものであるにもかかわらず，ソーシャルワーカーの実践基盤として共有されなければ，実践と理論との乖離を招くことになる。

　第3章の実践を踏まえ，ソーシャルワークの「価値」の構造及び内容について明らかにする。「価値」の構造をまとまりのある形で総体的に明示し，「価値」の内容を実践的視座に基づいて導き出す考察は，必然的にソーシャルワークの価値の根源，つまりソーシャルワークの本質にアプローチすることになり，同時にソーシャルワークの固有性をもたらす根拠に迫ることになる。

　加えて，ソーシャルワークにおける「価値」の位置と全体像を明らかにする。価値を中核的価値・派生的価値・根源的価値の3つに位置づけることで全体像を描く。その論考過程においては，ソーシャルワーク実践の援助特性，ソーシャルワークにおける「価値」の位置，ソーシャルワーク研究と「価値」の接点，価値研究としての支援困難事例へのアプローチついて論及する。

1 ソーシャルワーク実践の援助特性
―「価値」が持つ実践上の意味―

　ソーシャルワークの本質へのアプローチが依拠する「援助」の意味について明確に答えるためには，その実践の根拠となる「価値」を意識化し，そこに立ち返ることが不可避である。ソーシャルワーク実践は，知識・技術・価値の3つの要素から構成されるが，ソーシャルワーク実践において「価値」が強く求められる背景には，ソーシャルワーク固有の援助特性が深く関与しているからである。

　この特性は，ソーシャルワークの援助が「何をもってよしとするのか」とい

う到達目標を見極める難しさと深く関係している。ソーシャルワークの究極の目的は，最終的には本人の「生命」を守り，「生活」の質を高め，その人らしい「人生」を支えることにある。この3つの目的概念は，「生命」が「生活」を，「生活」が「人生」をそれぞれ包含する同心円的な一体構造として構成されるものである。

「生命」を守ることは，より質の高い生活のための前提としてソーシャルワークによる援助の視野に入ってくる。それと密接な関係にある安心・安全の確保は，ソーシャルワークの援助の目標の1つであることは間違いないだろう。日本国憲法第25条で示された国民の生存権保障は，日本の福祉施策の根幹に位置するものである。しかしながら，ソーシャルワークの目的は生命を守ることや「健康で文化的な最低限度の生活」を保障することだけが目的となるのではなく，所与のさまざまな条件のもとで，その人にとっての意味のある生活や人生を模索することを主眼に置いてきた。憲法第13条で示された幸福追求権は，すべて国民は個人として尊重され，幸福追求に対する国民の権利については最大の尊重を必要とするとされている。ここでいう「幸福」とは何かが問われることになる。

生命を守るだけでなく，また最低限の生活を維持するだけでもなく，生活の質を高め，一人ひとりの人生を支えることをソーシャルワークの射程に入れることで，「何をもってよしとするのか」に答えを求めることが難しくなる。なぜなら，一人ひとりの生活や人生において，生活上の課題やニーズの解決策，ゴールのあり方はきわめて多様であり，同時にきわめて個人的なことでもあるからである。そして，そもそも個人の生活や人生に深くかかわる内容について，当事者以外の第三者が決定できることでもない。本人がどのような変化をすれば援助が成功したことになるのか。それを追究する延長線上に，本人にとっての生活の質の向上とは何か，幸福とは何かという大きな課題が位置づけられる。

「その人らしい生活を支える」といった表現は目標概念と関連づけられてよく使われてきたが，「何をもってよしとするのか」に答えるためには，「その人らしい生活」とは何かが説明できなければならない。また，それと関係して，「自己実現」もソーシャルワークにおける重要な目標概念として位置づけられてきた。自己実現を要約的に説明するならば，本人がその本人であるように存在す

ること，つまり本人がなりたい自分を見つけ，そこに至ることといえる。さらに，ソーシャルワーク実践においては，その実現が社会とのつながりのなかでもたらされることを看過してはならない。人間が健全に生を営み，意味のある変化を遂げていくためには，社会とのつながりが不可欠である。何よりも自分がここにいることを実感でき，ここに存在することの意味や価値を確認できるのは，人との関係のなかにおいてだけである。よって，ソーシャルワークとは，自己実現に向けた本人の歩みを社会関係というつながりのなかで支えていく専門的な営みといえる。

この「何をもってよしとするのか」を見極めるのが難しいという援助特性をふまえたとき，援助を方向づける根拠となる「価値」の持つ意味が大きくなる。このことは，ソーシャルワーク実践が社会における人間存在の本質に深く根ざしていることを象徴するものといえる。

2 ソーシャルワークにおける「価値」の位置
―知識・技術・価値の三位一体による援助―

ソーシャルワークは知識と技術と価値から構成され，それらが実践として三位一体となって提供されるものとして描かれてきた。その構成要素の1つである「価値」は，援助を方向づけるものであるがゆえに，その特質及び内容について明らかにすることは，ソーシャルワークの固有性や基本的性格について論じることと密接に関係する。

図4-1は，ソーシャルワークを構成する知識と技術と価値の3つの要素の位置関係を示したものである。専門職であるソーシャルワーカーは，専門的な知識と技術でもって本人に働きかけることになるが，その際「価値」の存在が大きな意味を持つ。ここでいう「価値」とは，専門職として共通に持っておくべき価値基盤のことであり，「援助を方向づける理念・思想・哲学」と説明できる。図4-1にあるように，知識と技術をどのように，またどの方向に向けて活用するかは，「価値」によって決まることになる。図では，ソーシャルワークの対象となる「クライエント」(本人を含むシステム)に対して，ソーシャルワー

第4章　ソーシャルワークにおける「価値」の位置と全体像　149

図 4-1 ソーシャルワーク実践における知識・技術・価値の位置

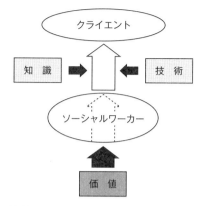

出典：岩間伸之・原田正樹『地域福祉援助をつかむ』有斐閣，2012年，51ページ（一部改訂）

カーは専門的な「知識」と「技術」でもってアプローチすることを示している。その矢印の方向性を決めるのが，「援助を方向づける理念・思想・哲学」である「価値」である。図にあるように，これが基底に位置することでソーシャルワーク実践の根拠となり，またソーシャルワークの理論を構成する重要な要素となる。

本人らしさや一人ひとりの自己実現への到達は援助目標となり，「何をもってよしとするのか」が難しい援助特性を内包するソーシャルワーク実践においては，図中の「ソーシャルワーカー」の点線の矢印が重要な意味を持つ。価値を基底に置き，上向きの白い矢印と上向きの黒い矢印をつなぐソーシャルワーカーの役割はきわめて大きいということである。

3 ソーシャルワーク研究と「価値」の接点

ソーシャルワークの実践は課題解決学としての性質を色濃く反映する。ソーシャルワーク理論は実践への指向を包含した体系である限りにおいて，援助の視点を抜きには存立しない。たとえ研究であっても，援助と切り離してとらえることはできず，研究の成果は，実践に活かされるものでなければならない。

実践への指向が欠落した研究は何ら意味をもたない。したがって，ソーシャルワークを研究対象とするということは，事象の正確な理解及び分析に加えて，援助に向けた方向づけがそこに含まれなければならない。これによって，ソーシャルワーク研究はすべて実践につながる科学的営みとなるが，同時にこのことはソーシャルワーク研究を特質づけることになる。「解決に向けた志向性」が特質を生成するということである。

　課題解決学としてのソーシャルワークの特質を踏まえ，ソーシャルワーク研究における「結果の解釈」が持つ特質について提示した上で，「解釈（意味づけ）」の方法とそのための基本的視座について明らかにする。

　ソーシャルワーク研究における「結果の解釈」とは，収集された情報やデータにソーシャルワークとしての援助の視点から「意味を付与すること」と説明できる。情報やデータは，それだけでは何の意味も持たない。そこに意味づけされることで，研究もしくは実践における生きた情報・データとして活用されることになる。その意味づけの過程にこそにソーシャルワークの「価値」が反映されることになる。

　研究における「解釈（意味づけ）」は，単体で存在し，機能するわけではなく，ソーシャルワーク研究の流れのなかで位置づけられることになる。図4-2では，その全体像を示した。この全体像から指摘できる特質について，次の2点から整理しておく。

　第1には，図にあるように「解釈（意味づけ）」は「情報・データの収集」と「援助方針の明確化」の間に位置していることである。この一連の流れのなかで，「結果の解釈」がなされることになる。結果を解釈するわけであるから，一定の研究手法で得られた結果（情報・データ）に基づいて意味づけをすることになるが，その内容は次の「援助方針の明確化」に直結するものでなければならない。

　第2には，この「解釈（意味づけ）」を含む一連の研究過程は，図にあるように「実践」に向けて方向づけられなければならないことである。これは前述したように，たとえ研究であっても実践と乖離したものであっては意味をもたない。「実践」へのベクトルを明確に方向づけた上で研究過程を進めていく必要がある。なお，ここでの「実践」には，個別のみならず地域へのアプローチやソーシャルアクション，福祉施策の策定等も含まれる。

図4-2 研究過程における「解釈（意味づけ）」の位置

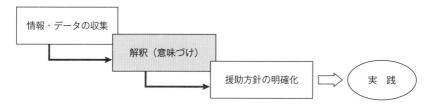

　図4-2で示したように，「解釈（意味づけ）」が「実践」に向けて方向づけされるということは，「解釈（意味づけ）」の内容に援助への志向性が具体的に内包されることになる。解釈に援助の志向性を内包させるためには，当然ながら「情報・データの収集」の中身が問われる。解釈は，信頼性の高い方法で収集または集積された情報・データをもとになされることになる。それゆえに，その情報・データ自体に実践への志向性が加味されたものでなければ，意味のある解釈につながらず，実践に活かされないことになる。さらに，収集された情報・データの内容だけでなく，それらの処理の仕方にも影響を与える。例えば質問紙法によるアンケート調査を実施する場合，その質問項目をどのように設定するかは，当然ながら収集される情報・データの内容に直結するが，加えて，有意差の検出，重回帰分析，質的なデータ分析等の作業において，次の「解釈（意味づけ）」にとって有意義なデータとなるかどうかをこの段階から見極めた上でデータを加工することが求められる。

　重要なことは，その解釈に際して，ソーシャルワークの価値が反映されることである。具体的には，解釈とは課題発生のメカニズムを明確にすることが中心となるが，とりわけその解明には当事者である本人の側からの視点が重視されることになる。たとえいくら正確なものであっても，事象の客観的把握だけでは意味を持たない。つまり，図にもあるように，解釈そのものが援助方針の明確化を導き出すものでなければならないということである。

　解釈は，ソーシャルワーク研究においてどのようになされるのか。前述したソーシャルワーク研究における解釈の特質を踏まえ，その方法についてとりあげる。その方法は，実際には多様であるため，ここでは「方法としての形態」と「方法としての内容」に整理して示す。

ソーシャルワーク研究における解釈の方法として，その形態に定型があるわけではない。実際には，研究においても，実践においても，われわれは情報・データを目の当たりにしながら日常的に意味づけしつつ取り組んでいることはいうまでもない。

　「方法としての形態」をあえて整理して示すならば，個人作業とグループ作業に分けることができる。個人作業とは，情報・データをもとに個人レベルで考察を深めることである。グループ作業としては，複数の関係者が集い，グループ形式で協議する事例研究（ケースカンファレンス）によって実施される。しかしながら，個人作業であれ，グループ作業であれ，そこで展開される具体的な思考は同じ過程をたどるという認識が重要となる。

　図4-3では，「解釈（意味づけ）」の方法を3つの構成要素として提示し，さら「価値」の位置を明示したものである。図4-2で示したように，「解釈（意味づけ）」は，ソーシャルワークの研究過程においては，「情報・データの収集」と「援助方針の明確化」の間に位置している。その解釈に含まれる構成要素は，「情報・データの総合化」「問題・課題の構造化」「実践への方向づけ」であり，これが順次展開されることになる。さらに，その3つの過程のすべてに「価値との擦り合わせ」という作業が並行してなされることになる。

① 情報・データの総合化

　解釈における最初の作業は，収集された情報・データを「総合化」することである。「総合化」とは，複数多岐にわたる情報・データを1つに集めて組み合わせ，一体的に考察を進めることを意味する。その作業によって，「全体的理解」という観点から対象を把握し，意味づけをしていくことになる。

図4-3　解釈（意味づけ）の構成要素

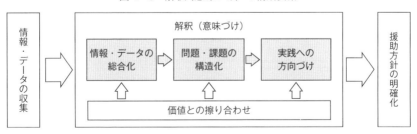

「総合化」は，解釈のための基礎作業となる。情報・データは複数であっても対象は1つである。それに解釈を加えるためには，まずは全体として把握し，理解することが求められる。それは，個人，グループ，組織，地域であっても同様である。

情報・データは，単一ではなく，本人とその環境に関する多様な内容が複数にわたって収集されることになる。量的調査によって収集されたデータであっても，また質的データであっても多様な内容が含まれることになる。「総合化」とは，タイルで壁を埋めるように対象像を慎重に組み立てていく作業である。タイルが不足していると壁が埋まらないように，情報・データの不足は「全体的理解」を阻むことになる。

② 問題・課題の構造化

次の作業は，全体的理解を経た問題・課題の構造化である。「構造化」とは，問題・課題発生のメカニズムを分析して明確にすることである。つまり，なぜこのような事態・状態に陥っているのかについての理解を深める過程となる。ソーシャルワークが課題解決学としての特質を持つということは，問題・課題発生のメカニズムが明確にならなければ，解決策が導き出されることはない。

この解釈の過程においては，ソーシャルワークの「知識」が反映される。情報・データを1つに組み立て，そこに「知識」を用いてメカニズムを分析することになる。ここの「知識」とは，当然ながら実践に必要な多様な要素を含んでいる。制度・サービス，地域特性，家族関係，障害・疾病，援助理論等が最大限に活用されることになる。

③ 実践への方向づけ

解釈（意味づけ）における次の作業は，問題発生のメカニズムが明確になったあと，どのように働きかければ状況が好転するかという方向づけを示すことである。これは，解釈の次の段階である「援助方針の明確化」への橋渡しとなるものである。解釈という意味づけの作業においては，前述したようにソーシャルワークである限りにおいては援助としての志向性を包含するものでなければならない。

この方向づけは，主に3つの見通しを明確にすることが含まれる。第1には，複数の要因が絡み合っている場合には，その要因のうちからどれを優先的に焦

点化するのかを見極めることである。これは，問題・課題の構造化から導かれ，解釈につながることになる。第2には，対象とした焦点システム（本人システム）においてどの要素に刺激を与えればこの力動が変化するかを見極めることである。この明確化のためには，当該のシステムとしての力動を把握しておくことが求められる。第3には，そのシステムに働きかける際に，どのように働きかければよいのかの見極めである。これらによって，具体的な援助内容が導かれることになる。

④ 価値との擦り合わせ

図4-3で示したように，「情報・データの総合化」「問題・課題の構造化」「実践への方向づけ」の全過程において，「価値との擦り合わせ」が求められることになる。これは，解釈（意味づけ）にソーシャルワークの価値を反映させることを意味する。

ここでいうソーシャルワークの価値とは，簡潔に説明するのは容易ではないが，「援助を方向づける理念・思想・哲学」と説明できる。何をもってソーシャルワークの実践を評価するのか。援助のゴールをどのように設定するのか。これらを確定するのはきわめて難しい。これらに価値が深く関与し，ひいてはソーシャルワーク実践の固有性につながることになる。前述の解釈（意味づけ）の各過程において，この価値との擦り合わせの作業は，非常に大きなウエイトをもつ。

4 価値研究としての支援困難事例へのアプローチ

ソーシャルワークにおける「価値」を抽出・整理するするための1つの方策として，支援困難事例へのアプローチをとりあげる。ソーシャルワークにおける価値研究は，重要視されながらも，研究として取り組もうとすると，その内容は哲学的，抽象的，概念的，理念的にならざるをえない面がある。それは理論と実践のさらなる乖離を生むことにもつながる。

そこで，ソーシャルワークの価値をより実践的な側面から明確にするために，支援困難事例へのアプローチを価値研究の一環として位置づけて取り組んでき

第4章　ソーシャルワークにおける「価値」の位置と全体像　155

た[1]。その理由は2つある。

第1の理由は，支援困難事例だからこそ，ごまかしのきかない本物の援助の力量が求められるからである。ここでいう「本物の援助の力量」とは，支援困難事例がそれぞれに対する特別な知識と技術が一定必要であったとしても，それ以上に不可欠な根拠に基づいた本質的援助のことである。換言すれば，ソーシャルワークの根拠となる原理・原則そのものに基づいた正攻法の実践が求められるということである。だからこそ，支援困難事例へのアプローチを素材として，そこでの実践にまなざしを向けることによって根拠となるべき価値を浮き彫りにできるはずである。

第2の理由は，さらに延長線上として，支援困難事例へのアプローチを深めていくプロセスは，同時にそのアプローチを導き出す「根拠」の明確化をうながすことになるからである。すなわち，支援困難事例ではない事例も含めたあらゆる事例への対応に共通するソーシャルワークの本質に目を向けることになる。支援困難事例の種類はおそらく無数にある。ソーシャルワーカーが専門職である限り，援助の対象となる人を好き嫌いで選ぶことはできない。そして，当然のことながら，その本人は唯一無二の存在であり，2人として同じ人はいない。したがって，たとえば100の事例があれば100の個別のアプローチを導き出すことが求められる。つまり，同じパターンの援助は通用せず，一人ひとりの状況に合わせた，いわばオンリーワンの援助方法を専門的に導き出し，組み立てる必要が生じる。それはそれで厳しく専門性が問われる内容ではあるが，支援困難事例がどれだけ多種多様であっても，それらへの働きかけの「根拠」となるものはいくつかに限られる。それが実践の根拠となるべき価値である。

つまり，支援困難事例と向き合うことは，ソーシャルワークの根拠となる価値，さらにいえば「人を援助すること」とは何かというソーシャルワークにおける援助の本質と向き合うことを意味する。拙著『支援困難事例と向き合う』(中央法規出版，2014年) では，対象とした18の各支援困難事例へのアプローチにおいて，「どのように事例をとらえるか」と「どのように事例に働きかけたらよいのか」を導き出す際に依拠した価値の一部を5つの軸でもって整理し一覧にして示した (表4-1)。

表中の「5つの軸」(表のI～Vに対応) とは，次の5つである。

Ⅰ　「存在」を尊重する

Ⅱ　「社会関係」を活用する

Ⅲ　「主体性」を喚起する

Ⅳ　「現実」への直視を支える

Ⅴ　「変化」を支える

　表4-1では，「実践において依拠とした価値」の内容において，「5つの軸」と接点のあるものに○印を付けた。○が網羅的に分散していることがわかる。以下，Ⅰ～Ⅴの内容について，若干の整理をしておく。「5つの軸」は，いず

表4-1　実践において依拠した価値と5つの軸

支援困難事例		実践において依拠した価値	5つの軸				
			Ⅰ	Ⅱ	Ⅲ	Ⅳ	Ⅴ
1	サービス拒否	人としての尊厳は不変であること	○		○		○
2	終末期	現実への直視と支えられながら死を迎えること		○		○	
3	不穏	今のこの瞬間に拠り所を求める	○			○	
4	近隣トラブル	誰も一人では生きることはできない		○			
5	クレーマー	開かれた社会関係を創造する	○	○			
6	軽度認知障害	変化の先に新しい安心があること					○
7	ゴミ屋敷	過去の整理がなければ前には進めない			○	○	○
8	共依存	生きる意味や存在理由を自分の中に見つけること	○		○		
9	希死念慮	開かれた関係が新しい変化を導く		○			○
10	経済的虐待	本人の気づきを起点として変化をうながす			○		○
11	アルコール依存	ありのままの自分をまるごと人に委ねること	○	○			
12	親族間対立	関係者が変化に向けた覚悟を決めるための基点を作る		○	○		
13	消費者被害	本人が満たされる健全な援助関係が好循環への起点となる		○	○		
14	ひきこもり	関係は変わり続けるしかない		○			○
15	身体拘束	「今」への社会的承認が次への変化をうながす		○			○
16	被害妄想	現実の社会とのつながりによって存在が認められる	○	○		○	
17	ネグレクト	次の変化に向けて「新しい出会い」を支える		○			○
18	本人不在	本人がたどる「過程」と乖離した「結果」は意味を持たない			○	○	

注）Ⅰ：「存在」を尊重する　Ⅱ：「社会関係」を活用する　Ⅲ：「主体性」を喚起する　Ⅳ：「現実」への直視を支える　Ⅴ：「変化」を支える

出典：岩間伸之『支援困難事例と向き合う―18事例から学ぶ援助の視点と方法―』中央法規出版，2014年，142ページ（一部改変）

第4章　ソーシャルワークにおける「価値」の位置と全体像　157

れもソーシャルワークの「価値」と深く関係し，後述する価値の全体像を構成する要素となるものである。

Ⅰの〈「存在」を尊重する〉とは，本人を唯一無二のかけがえのない人として，その存在自体を認め，最大限に尊重することである。人の尊厳とは，なんらかの条件で変わるものではなく，不変であることが前提となる。その尊厳は，一人ひとりが唯一無二の存在であり，その命にもいつか終わりがやってくることからもたらされるものである。ソーシャルワーク実践という専門的営みにおいては，その尊厳を本人が感受することができなければ意味をもたない。そして，その尊厳は，社会関係のなかで承認される。それも過去でもなく未来でもなく，「今」の社会関係のあり方が重要な意味を持つことになる。

Ⅱの〈「社会関係」を活用する〉とは，ワーカーとの援助関係を含めた社会関係を活用するとともに，支え合いを基軸とした社会関係を形成することである。われわれは，社会のなかでしか生きることができない。それゆえに，社会関係は一人ひとりの存在のあり方に大きな意味を持つ。生活上の課題も社会関係のなかでもたらされることになる。そしてまた，健全で主体的に形成された社会関係は，健全で主体的な変化を導くことになる。ソーシャルワークとは，本人がその本人として存在するという自己実現に向けた本人の歩みを，社会関係というつながりのなかで支えていく専門的な営みのことである。

Ⅲの〈「主体性」を喚起する〉とは，本人を取り組みの主体として位置づけ，その本人の取り組みの過程を支えることである。本人は，本人の人生を生きるしかない。誰もその代わりに生きることはできない。本人は，自分の課題を自分で解決するしかない。誰もその代わりに解決することはできない。ある意味では厳しい現実であるが，だからこそ，本人が周りに支えられながら自分で解決できるように，専門的にうながすことが求められる。それゆえに，援助者が向ける焦点は，究極的にはこの一点となる。「主体性」の喚起なくして，困難状況からの脱却はありえない。

Ⅳの〈「現実」への直視を支える〉とは，本人が自分自身のことや自分の周囲に起こっていることを直視できるように支えることである。生活上の課題は，現実のなかで生起する。どれだけ厳しい状況であっても，本人がその現実を見つめる勇気を持てるか。課題解決に向けた一歩は，現実を直視することからし

か踏み出すことはできない。したがって，ワーカーにはその過程を支えることができるかが問われることになる。

Ⅴの〈「変化」を支える〉とは，今の状態を維持するだけではなく，来たるべき変化を視野に入れて働きかけることである。人生も生活も変わり続けるしかない。誰もが心身ともに変わり続け，社会関係も変化し続けるからである。ソーシャルワークの過程とは，本人の変化を支えることである。しかしながら，「変化」へのストレスは大きく，ときにその「変化」に抗おうとさえする。本人が変わるプロセスに働きかけるワーカーの役割は重く，深い。本人が変わろうとしない限り，本当の意味での「変化」はもたらされないからである。

5 ソーシャルワークにおける「価値」の全体像
―中核的価値・派生的価値・根源的価値の位置関係―

ソーシャルワークの「価値」を総体的に示すにあたり，その構造を中核的価値・派生的価値・根源的価値の3つの価値から構成されるものとして全体像を描くことにする。図4-4は，「価値」の全体構造を3つの価値の位置づけを示すことで図式化したものである。上部の複数の円を内包する大円の中心に「中核的価値」が配置され，そこから5つの「派生的価値」が導き出されるという構図である。下部の「根源的価値」は，これら全体を根源的に下支えするという位置づけにある。

ソーシャルワーク実践の中核を貫通する位置に，本人を取り組みの主体に置くという意味での「本人主体」という「中核的価値」を位置づけている。この「本人主体」の考え方は，ソーシャルワークを強く特質づける重要な概念である。そして，中核的価値から派生し，具体的な援助を導き出す価値として「派生的価値」を配置している。この派生的価値は，「本人のいるところから始める」「最初の一歩を支える」「援助関係を活用する」「本人が決めるプロセスを支える」「新しい出会いと変化を支える」という5つの要素を内包してる。

さらに，これら2つの価値の基底に「根源的価値」を位置づけている。これは，社会における人間存在を支える価値であり，ソーシャルワーク実践の根源とし

第4章　ソーシャルワークにおける「価値」の位置と全体像　159

図4-4 ソーシャルワーク実践における3つの「価値」の位置と構造

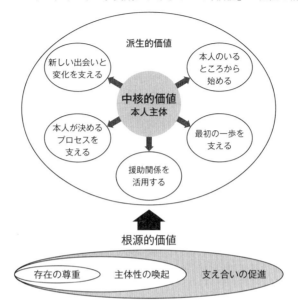

て全般に影響を与えるものである。核となる「存在の尊重」、それを内包する「主体性の喚起」、さらにそれらを内包する「支え合いの促進」という三重構造として示している。この根源的価値とは、ソーシャルワーク実践が、一人ひとりが社会のなかで尊重され、相互に支え合うという社会のなかでの人間存在のあり方を基盤としていることを意味するものである。

注
1) 支援困難事例へのアプローチをめぐるこれまでの取り組みについては、次の文献に詳しい。
岩間伸之『支援困難事例と向き合う』中央法規出版、2014年
岩間伸之『支援困難事例へのアプローチ』メディカルレビュー社、2008年

第2節

中核的価値としての
「本人主体」と根源的価値

1 中核的価値としての「本人主体」

「中核的価値」に位置づけた，取り組みの主体を本人自身に置くという意味
での「本人主体」はソーシャルワークの根幹に位置し，具体の実践を導き出す
根拠となるものである。

援助の対象となる本人とは，治療や変容の対象でもなく，また援助者によっ
て課題解決される存在でもない。ソーシャルワークとは，援助者との援助関係
のなかで本人自身が自分の課題を解決していくための取り組みでなければなら
ないはずである。

生活上のニーズを充足し，課題や生活問題を解決する。その際の主語は，た
とえ支援困難事例であっても，本人以外にありえないということである。それ
は，個人に降りかかるさまざまな課題は誰も肩代わりできず，他人は請け負う
ことができないという厳然たる事実に起因する。本人をめぐる課題が本人の生
活において生起する限り，その本人の人生のなかでしか解決できない。ソーシャ
ルワークとは，本人の人生という文脈のなかで援助を提供するものであり，本
人や本人をとりまく周囲に存在する社会資源を本人が活用できるように支える
ことである。他者から与えられるだけの援助は意味を持たない。

本人自身が，今の自分の現実を直視し，抱える課題に向き合い，自分と社会
とのつながりを意識し，そこに湧く自分の感情を受けとめ，そして自分の生き

第4章　ソーシャルワークにおける「価値」の位置と全体像　161

る意味と存在する価値をみつけようとする。こうした「本人主体」の考え方は、「中核的価値」としてソーシャルワークの根底に流れている。

　本人自身による取り組みを支えることに焦点が当てられるというこの「中核的価値」に基づく特質は、援助過程に色濃く反映される。「援助過程」とは、援助する側の過程ではなく課題解決に向けた本人による過程でなければならない。援助者は、その歩みを専門的に支えることになる。この過程に専門職として付き合う援助者の役割は重く、また「人を援助すること」の意味は深い。

　ソーシャルワークの専門職として人にかかわるということは、その宿命として、援助者と被援助者(利用者／クライエント)との位置関係を「援助する側」と「援助される側」という構図に置くことになる。これは広く専門職に共通する。たとえば、医療では「治療する側（医者）」と「治療される側（患者）」という構図になるし、教育では「教える側（教師）」と「教えられる側（生徒）」という構図になる。20世紀における専門職化の潮流は、専門職に専門的知識と技術を持たせることで、この構図によるパワー構造を強化してきたといえる。

　このことは、その副産物として「人を援助すること」の内容に深刻な影響を及ぼすことになった。これが、いわゆる「パターナリズム（父親的温情主義）」(paternalism)と呼ばれるもので、近年、ソーシャルワーク領域において指摘され、また強く非難されてきた。「援助する側」が専門的な知識と情報と技術、ときには権限までをも一方的に保有し、「援助される側」は治療もしくは解決すべき何らかの「課題」や「弱点」を持つ存在として位置づけられた結果、二者間には圧倒的なパワーの差を有する関係性が発生する。この関係性に強く拘束されることによって、援助される側が援助する側に身を委ねるという依存性を生み出すことになる。「エンパワメント」(empowerment)という視点を持つことの重要性が指摘されるようになる一方で、パターナリズムという鎧をかぶったソーシャルワークは、「力の付与」ではなく「力の剥奪」に手を貸してきたのではないかということである。

　ソーシャルワークは、本来こうしたパターナリズムに陥ることにもっとも敏感でなければならず、またもっとも強く忌避しなければならない。なぜなら、こうしたパターナリズムをもたらすような援助の対極にソーシャルワークの「価値」があるからである。そこに、「本人主体」という「中核的価値」が存在

する。

　図4-5は，本人主体の「援助過程」の全体像として示したものである。上段の（A）は，本人自身が課題解決に向けて取り組み，何らかのゴールに至るまでの過程を概念的に図示したものである。中段の（B）では，その過程における援助者による専門的援助の意味と位置を示している。本人と援助関係を形成した上で，それを基軸に伴走しながら本人が課題解決に取り組む過程に専門的な働きかけを提供することを示している。援助の重要な原則として位置づけられる自己決定の原則とは，本人に決めてもらうことではなく，本人が決めるそのプロセスを支えることなのである。何をもってよしとするのか。その答えを本人自身が導き出せるように専門的に支え続ける。その行き着いたところがゴールとなる。

　さらに，下段の（C）では，本人は実際には自分をとりまく周囲の人たち（家族，親族，友人，近隣住民等）と相互作用関係を保ちながらゴールに至り，それを援助者が支えていくことを示唆している。これが，いわゆる「伴走型支援」といわれる援助の特質であり，ソーシャルワーカーの立ち位置を明確にすることになる。

2 ソーシャルワーク実践の根源─3つの根源的価値─

1）社会生活上の人間存在の価値

　前出の図4-4では，「中核的価値」から5つの要素が派生的に導き出されて「派生的価値」として構成される構造となる「価値」の全体像を示すなかで，「中核的価値」と「派生的価値」に影響を与える「根源的価値」をその基底に位置づけている。根源的価値の内容は，対人援助の根源として，社会生活上の人間存在の価値を示唆することになる。ソーシャルワークの根源にアプローチすることは，ソーシャルワークの固有性を明確にすることに直結する。ソーシャルワークの固有性を明確にするという課題は，古典的かつ本質的な課題である。

　ソーシャルワークを特徴づける特質は，その時々の社会的要請と隣接する諸科学の理論的影響を受けながら，たとえば社会的機能，ワーカビリティ，コン

第4章　ソーシャルワークにおける「価値」の位置と全体像　163

図4-5　本人主体の「援助過程」の概念図

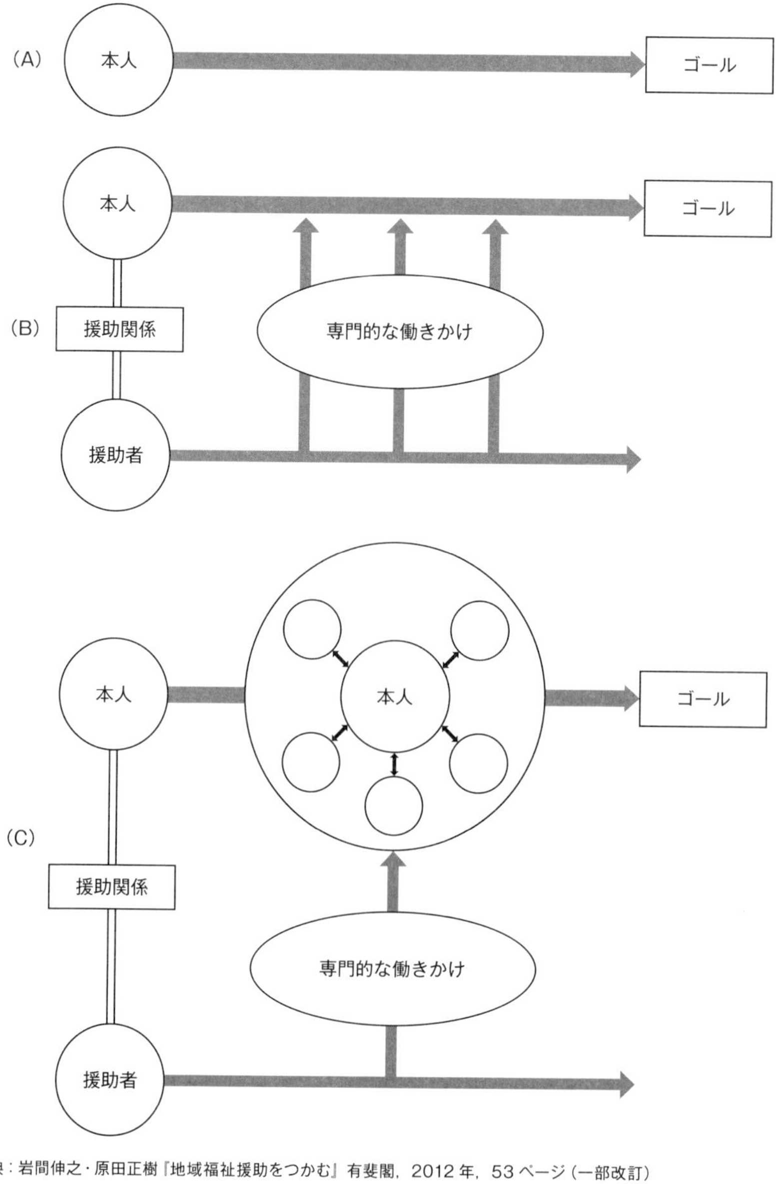

（A）　本人　→　ゴール

（B）　本人　→　ゴール
援助関係
専門的な働きかけ
援助者

（C）
本人
本人
ゴール
援助関係
専門的な働きかけ
援助者

出典：岩間伸之・原田正樹『地域福祉援助をつかむ』有斐閣，2012年，53ページ（一部改訂）

ピテンス，ストレングス，エンパワメントといった複数の概念が強調されてきた。わが国においては，主に北米でのこうした動向に対して，必ずしも十分に議論されることなく，ある意味節操なくソーシャルワーク理論として紹介，導入されてきた面があることは否めない。

こうした動向を鑑みて，ソーシャルワークの理論研究においては，もっとその根源にまで遡ってソーシャルワークの本質について検討及び確認し，そこからソーシャルワーク理論を体系的に再構築すべきである。それがソーシャルワークの固有性を明確にすることになるだろうし，またわが国の実状に合致したソーシャルワークのあり方を模索することにもなる。

実際，わが国のソーシャルワーク理論は，非常に追い込まれた立場にある。介護保険制度や社会福祉基礎構造改革といった自己責任を基盤とする新しい理念的及び制度的潮流のなかで，地域生活を基盤とした保健・医療・福祉の連携という視点からの実践のあり方が求められるようになっている。この顕著な動向は，ソーシャルワークの関係者に重く大きな課題を突きつけることになった。つまり，具体の事例を目の前にして隣接の諸領域と否応なしに連携を求められることになったのである。つまり，「社会福祉の援助とは一体が何ができるのか」ということに強く問い直しを迫られることになった。

ソーシャルワークの固有性を明らかにするための１つの方法として，ソーシャルワーク理論が依拠している「根源」に焦点を当てることは，ソーシャルワーク固有の理論構築のための出発点となる。

ソーシャルワークの焦点は，「状況のなかの人」（person in the situation）に代表されるように，常に「個人」と「社会」との緊密な関係に向けられてきた。それは，ソーシャルワーク理論の形成史からしても，宿命的なものといえる。ソーシャルワークが目指すべきは「個人の変化」か「社会の変革」かということである。こうした「構造」と「機能」に関する論争は，ソーシャルワークの古典的かつ本質的議論であったし，またその後の生態学的視座の導入は，交互作用関係による個人と環境（社会）との関係の不可分性を強調することになった。

ソーシャルワークの根源を導き出すための枠組みとして，図4-6に示したとおり，個人と社会とを結ぶ線を切り口に，ソーシャルワークの焦点は，個人

第４章　ソーシャルワークにおける「価値」の位置と全体像　165

図4-6　ソーシャルワークにおける「根源的価値」の構造

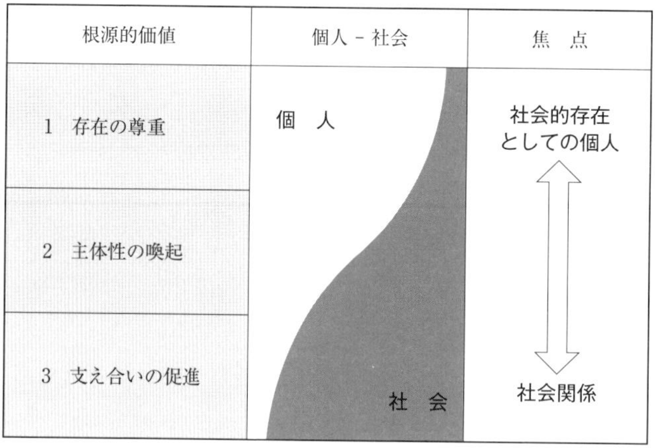

根源的価値	個人‐社会	焦　点
1　存在の尊重	個　人	社会的存在としての個人
2　主体性の喚起		
3　支え合いの促進	社　会	社会関係

と社会（社会関係）の比重の置き方で大まかに区切ることができるのではないかという考えのもと，「個人―社会」におけるソーシャルワークが向ける焦点について，個人の側により近い部分，社会の側により近い部分，そしてその中間層にあたる部分の3つに便宜的に分け，説明のためにこれらの3つの部分を，個人に近い部分を「個人」，社会に近い部分を「社会関係」，その中間層にあたる部分を「社会的個人」と名づけた。

　このソーシャルワークの3つの焦点（個人・社会的個人・社会関係）の枠組みに基づいて，ソーシャルワークの根源を個人と社会とを結ぶ線上に求め，そのソーシャルワークの「焦点」を「社会的存在としての個人」と「社会関係」との間に位置づけた上で，この「焦点」とソーシャルワークにおける価値との接点の内容について精査し，「根源的価値」を構成する3つの要素として，「存在の尊重」「主体性の喚起」「支え合いの促進」を導き出した。

2）3つの根源的価値

　「根源的価値」の第1は，「存在の尊重」である。これは，ソーシャルワークのもっとも根底にある「価値」である。人間としての存在そのものを尊重することである。すべての「価値」は，これを源泉としている。

　たとえば，日本ソーシャルワーカー協会の旧版の倫理綱領（1986年版）にお

いては，原則の冒頭に「人間としての平等と尊厳」という項目が置かれていた。そこでは，「人は，出自，人権，国籍，性別，年齢，宗教，文化的背景，社会経済的地位，あるいは社会に対する貢献度いかんにかかわらず，すべてかけがえのない存在として尊重されなければならない」(傍点筆者)とされている。人間としての「かけがえのなさ」は，あらゆる条件に優先する。ただ人間であること，ただそれだけで尊重に値するということである。

ソーシャルワークにおいて強調されてきた「受容」と「個別化」の原則は，根源としての「存在」に直結する。

「受容」とは，その人の「ありのままを受けとめること」である。「ありのまま」とは，まさしく存在そのもののことである。一人の価値ある人間として，あるいは生まれながらに尊厳を持つ人間として受けとめていくことである。

人間存在の尊重は，さらに「個別化」の原則の根拠ともなる。人を個人としてとらえるということは，その存在の個別性を受け入れることである。この原則は，個人が社会的存在である以前に一人の個人として尊重されることであり，そしてそれは民主主義の基本原則でもある。ソーシャルワークにおいて社会のなかの「個」の持つ意味は大きい。集団や地域に埋没した「個」ではなく，それぞれの「個」からみた社会の意味やあり方が問われなければならない。

ソーシャルワークの根源としての「存在」は，ソーシャルワークが依拠する基盤であり，出発点であるといえる。なぜ存在が尊重されなければならないのか。そこには，2つの明確な理由がある。1つは，その本人は唯一無二の存在であるということである。2人として同じ人はおらず，特別で固有の存在である。本人のかけがえのなさはここからきている。もう1つは，命には限りがあるということである。つまり，いつかその存在は消失する。だからこそ，この今を価値あるものとして生きることに意味を見出すことができる。2人として同じ人はいないこと，そして命には限りがあることが，「存在の尊重」という根拠をもたらすことになる。

「根源的価値」の第2は，「主体性の喚起」である。これは，「中核的価値」の根拠となる。ソーシャルワークにおける「主体性」は，ソーシャルワークの特質につながるきわめて重要な意味を持つ。本人の存在自体を尊重し，そこから本人の主体性を育み，さらに本人が課題解決の主体者として取り組めるよう

第4章　ソーシャルワークにおける「価値」の位置と全体像　167

にするということは，まさにソーシャルワークにおける実践の価値そのものといえる。課題を抱えているのはあくまで本人であり，本人以外の誰もその課題を解決できない。だからこそ，当事者本人の気づきをうながし，自分の現実の課題を正面から受けとめ，そこから課題解決の主体者として歩んでいけるように援助関係を基軸として支えていく。これがソーシャルワークの本質といえる。

「派生的価値」の構成要素の1つである「本人が決めるプロセスを支える」とは，援助者がその決定のプロセスを徹底して支えることである。そのプロセスは，援助関係も含めた社会関係をとおして本人が自分の決定を導き出すことを意味する。したがって，本人が選択決定した内容がどうであるかではなく，その過程をいかに支えることができたかが問われなければならない。

また，ソーシャルワークにおいては，従来からワーカビリティやコンピテンスといった本人自身がもつ課題解決能力を重視してきた。課題を解決するのはあくまで本人であるからであるが，当然その解決とは社会関係のなかで展開されるものである。ソーシャルワークの重要な概念である「エンパワメント」は社会的色彩が強くなる。そこでは個人の「力」の強化が強調されるが，その本人発のベクトルは権利の獲得といった，より社会に向けられたものである。

第3は，「支え合いの促進」である。図4-6の「社会関係」に焦点を当てたソーシャルワークの根源は，相互援助という支え合いの促進である。個人と社会とのあるべき本質的関係をいかにとらえるかによって，援助の目指す方向が決まる。かつてシュワルツが「相互援助システム」の概念を示した際に強調した「共生」という概念は，「もちつもたれつ」といった人間社会の本質であるといえる。しかしながら，本来共生とはどちらにも前向きな成長をもたらすとは限らず，どちらかが生き延びるためにもう一方を滅ぼすことも考えられる。したがって，ここでの「共生」の関係とは，双方にとっての成長のための関係でなければならない。個人と社会が不健康な依存関係をとるのではなく，双方がともに成長していくための相互依存関係を構築していくことになる。

さらに，北米におけるソーシャルワークの発展過程は，民主主義の思想に強く依拠したものであった。徹底した個の尊重と個の主体的働きかけによる成熟した市民社会の創造は，ソーシャルワークが目指す現代的価値といえる。個人から社会を変えるという内発的な展開を包含するものである。個人の「存在」

の尊重は，地域住民の「主体性」につながる。個人の課題と同じく，地域の課題はその地域住民にしか解決できないという共通原理に基づいている。地域住民が「お互いの存在を必要とする」ように働きかけることは，まさに地域を相互援助システムとして形成していくための原理である。

おわりに
―地域で「総合相談」を展開するために―

　総合相談では，エリアを担当する専門職と専門職ではない地域側の担い手とが，日常的に協働できる体制が基本となる。地域側の中核的担い手とは，当該地域に居住する住民であり，地域活動の担い手を想定している。総合相談の核となるのは，「地域担当の専門職」と「地域側の中核的担い手」との日常的な連携・協働であることを強調しておく。

　連携と協働の中心にあるものは「本人」である。本人を中心として，複数の機関，さまざまな専門職，地域住民等がネットワークを形成し，連携と協働によって援助を展開することは，現代の生活課題に対応するためには必要不可欠であり，その重要性も増している。

　総合相談を展開する地域拠点においては，課題解決の主体はクライエント自身であるという価値が根底にあり，その上で細分化された課題に個別に働きかけるのではなく，生活上の多様かつ複数の課題に対して一体的に変化をうながすという基本的視点を共通認識として有することが求められる。本人の「生活のしづらさ」に焦点を当て，そこに対応することのできる援助システムの形成のためには，専門職と非専門職とがネットワークを形成し，共通の基本的視点を持って連携・協働することが前提となる。

　複雑化，多様化した生活上の課題に対応するためには，専門職のみの援助に限界がある。クライエントの生活のしづらさに焦点を当てた援助を展開するためには，地域住民等のインフォーマルサポートの積極的な参画が必要となる。地域を基盤として援助を展開するということは，地域の専門職だけでは不可能であり，近隣住民やNPO，ボランティア等などの「地域の力」を活用するという視点が不可欠である。

　地域拠点は，理論を基盤として実践を展開する拠点である。まず基礎理論である「ジェネラリスト・ソーシャルワーク」及び実践理論としての「地域を基盤としたソーシャルワーク」について，地域拠点に携わるチームの一人ひとりが理解することから始めなければならない。理論を踏まえた上で，実践概念で

ある「総合相談」についての理解を深め，地域拠点の役割は総合相談を実践することである，との認識が得られる。

　地域拠点を展開する際には，まず当該地域にどのような生活課題が内在しているかを正確に把握することも重要な点である。調査とは，研究者のみが行うものではなく，社会福祉の領域において調査を実施するということは，次の展開につなげていくことが大前提となる。実態を把握し，その実態に基づいて何を行うのかという次の展開があるからこそ，ソーシャルワークにおいて調査を行う意味があるのである。

　地域拠点を展開する過程では，それまでは「自分以外の人たちの課題」と認識していた課題を，「地域における自分たちの課題」と認識するようになるなど，地域側の担い手に変化がみられる。また，行政，専門職にも変化があらわれる。地域住民とともに総合相談のしくみを作りあげていくとはいったいどのようなことであるのか，実感をもって理解することが可能となる。行政，専門職，住民が一体となり，地域拠点を作る過程でともに学び，ともに歩んでいることを，すべての関係者が認識することになる。地域の中で総合相談を展開することは，地域住民や地域を変えるだけではなく，行政や専門職の意識までをも変える取り組みである。

　2015年度に実施された国勢調査において，総務省統計局から発表された人口集計結果では，日本の総人口のうち，65歳以上の高齢者人口は過去最高の3,190万人であり，総人口に占める割合は25.1％となっている。さらに，75歳以上の後期高齢者の割合は12.3％である。また，特筆すべき点は，国勢調査において初めて日本の総人口が減少したことである。少子高齢化社会，人口減少社会においては，地域住民同士の「つながり」が，地域生活をおくる上でこれまで以上に重要となる。人が地域の中で暮らしを営むためには，生活のしづらさのある人もそうでない人も，あらゆる人が支え合いながら生活することが求められる。地域の中で何らかの生活のしづらさを抱える人々が，地域の中で生活を継続していくためには，単発のサービスや連続性のない支援ではなく，継続的に地域住民も含めたさまざま「人」が介入することが必要となる。既存の

おわりに　171

制度や枠組みのなかで地域の課題に対応することにはもはや限界があり，地域の特性や実情に合わせて地域の中で地域課題をとらえ，対応することが求められている。

　このような人口動態や背景を踏まえて，近年の地域福祉施策においては，地域住民同士の「支え合い」を基調としたまちづくりや福祉サービスの実現が目指されている。2013 年，地域包括ケア研究会は，「支え合い」による地域包括ケアシステム構築について言及し，意識的に「互助」を強化することの必要性について指摘している。2014 年に改正された「介護保険法」では，地域生活コーディネーター（地域「支え合い」推進員）の配置と協議体の設置についての規定がみられ，介護保険にかかる取り組みにおいても，地域の支え合いが必要であることを示している。また，同年発足された「新たな福祉サービスのシステム等のあり方検討プロジェクトチーム」（厚生労働省）においても，「誰もが支え合う」地域の構築に向けた福祉サービスの実現の必要性を指摘する。さらに，2016 年には，厚生労働省に「我が事・丸ごと」地域共生社会実現本部が設置され，そこでは地域共生社会の実現を目的に「地域における住民主体の課題解決・包括的な相談支援体制」について，その必要性が示されている。

　先述したとおり，日本の人口構造はかつてとは異なる様相を呈している。人口減少及び高齢化は急速に進み，単一世帯あたりの人員は減少の一途をたどる。このような人口動態においては，国や地方自治体，そして地域住民が協働して地域福祉施策を推進していくことが求められる。これまでのような画一的な福祉施策ではなく，地方自治体がそれぞれの地域特性や地域の実情に即した福祉施策を構築していく必要がある。また，そこには当然，あらゆる人が地域で住み続けることへの支援という視点も含まれる。

　一方で，地域住民のつながりや支え合いは，同じ地域に居住することで自然発生的に作られるものではないことも指摘したい。農村共同体のような地縁によるつながりは，現在の日本においては大部分の地域でみられなくなっている。したがって，地域住民のつながりや支え合いのしくみづくりには，自治体行政や社会福祉協議会などによる側面的な支援が必要であり，地域福祉施策は，住民と協働して作るものだという視点が必要となる。津別町では，法律や制度の

172

枠にとらわれず，地域の中で地域住民が相互に支え合うためのしくみを作るという覚悟を決めた。そして，地域の実情に即したしくみを作るための取り組みを続けている。そのことが，地域住民を，行政を，専門職を変えることにつながり，そして地域全体が少しずつ変わっていくのである。地域共生社会を構築できるか否かは，行政の覚悟だといっても過言ではない。津別町は特別なことをしたわけではない。行政が覚悟を決めただけである。

「ソーシャルワーク研究の集大成である，地域を基盤としたソーシャルワークを実践することが，最後の僕に残された仕事であり，研究者としての使命だと思っている。最後で最難関の研究，そしてまさしく意味のあるこの実践に，力を貸してほしい。そしてこの活動をひとりでも多くの人に伝えたい」

　岩間先生のこの言葉で，私たちは本プロジェクトに参画することを決意した。
　この3年間，悩み，立ち止まり，少し進んでまた戻って，のくり返しだった。何度も何度も，プロジェクト存続の危機があった。なぜこのような思いをしなければならないのか，何の必要があるのかわからなくなり，逃げ出したくなることもあった。それでも，岩間先生には感謝の気持ちしかない。本プロジェクトチームを牽引し，学ぶ機会を与えていただき，まさしく仲間として対等な立場で接してくれた岩間先生に，チーム一同，心からの感謝と敬意を伝えたい。
　最後に，本書の出版にあたっては，出版の機会を与えていただいた中央法規出版の皆様に感謝申し上げます。

野村恭代

著者紹介

岩間伸之 (いわま・のぶゆき)

第2章，第3章第1節，第4章

経歴

1965年兵庫県生まれ。2017年逝去。
同志社大学大学院文学研究科修了（社会福祉学博士）
コネチカット大学ソーシャルワーク大学院客員研究員（2001年4月～2002年3月）
大阪市立大学大学院生活科学研究科教授（～2017年3月）
社会福祉士

主な著書

- 『生活困窮者支援を社会で変える』（共編著），法律文化社，2017年
- 『支援困難事例と向き合う―18事例から学ぶ援助の視点と方法―』（単著），中央法規出版，2014年
- 『社会福祉研究のフロンティア』（共編著），有斐閣，2014年
- 『地域福祉援助をつかむ』（共著），有斐閣，2012年
- 『市民後見人の理念と実際―市民と専門職と行政のコラボレーション―』（共編著），中央法規出版，2012年
- 『対人援助のための相談面接技術―逐語で学ぶ21の技法―』（単著），中央法規出版，2008年
- 『支援困難事例へのアプローチ』（単著），メディカルレビュー社，2008年
- 『援助を深める事例研究の方法―対人援助のためのケースカンファレンス―（第2版）』（単著），ミネルヴァ書房，2005年
- 『ワークブック社会福祉援助技術演習④　グループワーク』（単著），ミネルヴァ書房，2004年
- 『グループワークの専門技術―対人援助のための77の方法―』（共著），中央法規出版，2001年
- 『ソーシャルワークにおける媒介実践論研究』（単著），中央法規出版，2000年

主な翻訳書

- 『子どものリスクとレジリエンス―子どもの力を活かす援助―（M.W. フレイザー編著）』（共訳），ミネルヴァ書房，2009年
- 『ジェネラリスト・ソーシャルワーク（L.C. ジョンソン /S.J. ヤンカ著）』（共訳），ミネルヴァ書房，2004年

野村恭代（のむら・やすよ）

はじめに，第1章，第3章第2・3節，おわりに

経歴

東京都出身

大阪大学大学院人間科学研究科修了（人間科学博士）

大阪市立大学大学院生活科学研究科准教授兼都市防災教育研究センター研究員

専門社会調査士，社会福祉士，精神保健福祉士

主な著書

・『東アジア都市の居住と生活：福祉実践の現場から』（分担執筆），東信堂，2019年

・『施設コンフリクト─対立から合意形成へのマネジメント』（単著），幻冬舎，2018年

・『コミュニティ防災の基本と実践』（分担執筆），大阪公立大学共同出版会，2018年

・『包摂型アジア都市とレジリエンス』（分担執筆），水曜社，2017年

・『居住福祉を切り拓く居住支援の実践』（分担執筆），大阪公立大学共同出版会，2015年

・『現代ソーシャルワーク論』（分担執筆），晃洋書房，2014年

・『相談援助実習ハンドブック』（分担執筆），ミネルヴァ書房，2014年

・『精神障害者施設におけるコンフリクト・マネジメントの手法と実践─地域住民との合意形成に向けて─』（単著），明石書店，2013年

・『キーワードと22の事例で学ぶソーシャルワーカーの仕事』（共編著），晃洋書房，2013年

・『事例で学ぶ地域移行支援・地域定着支援ガイドブック』（分担執筆），中央法規出版，2013年

・『福祉コミュニケーション論』（分担執筆），中央法規出版，2011年

・『よくわかる福祉財政』（分担執筆），ミネルヴァ書房，2010年

・『地域福祉論─地域福祉の理論と方法─』（分担執筆），へるす出版，2009年

山田英孝（やまだ・ひでたか）

第 3 章第 2・3 節

経歴

北海道出身
北海道立美幌高等学校卒業
社会福祉法人津別町社会福祉協議会事務局長
社会福祉士，精神保健福祉士，介護支援専門員

切通堅太郎（きりとおし・けんたろう）

第 1 章

経歴

鹿児島県出身
北海道大学文学研究科人間システム科学専攻地域システム科学講座卒業
一般社団法人北海道総合研究調査会調査部長及び東京事務所長

主な著書

・『生活困窮者支援で社会を変える』（分担執筆）法律文化社，2017 年
・『公共社会インフラと地域振興』（分担執筆）中央経済社，2015 年
・『港湾整備と地域経済の発展　苫小牧港と北海道の未来』（分担執筆）北海道新聞社，2014 年
・『航空グローバル化と空港ビジネス』（共著）同文館，2010 年

地域を基盤としたソーシャルワーク
住民主体の総合相談の展開

2019 年 12 月 15 日 初版発行

著 ………………… 岩間伸之・野村恭代・山田英孝・切通堅太郎
発行者 ……………… 荘村 明彦
発行所 ……………… 中央法規出版株式会社

〒 110-0016 東京都台東区台東 3-29-1 中央法規ビル
営　　業　TEL 03-3834-5817　FAX 03-3837-8037
書店窓口　TEL 03-3834-5815　FAX 03-3837-8035
編　　集　TEL 03-3834-5812　FAX 03-3837-8032
https://www.chuohoki.co.jp/

装幀・本文デザイン … 株式会社ジャパンマテリアル
印刷・製本 …………… 新津印刷株式会社

定価はカバーに表示してあります。
ISBN978-4-8058-5981-0
本書のコピー、スキャン、デジタル化等の無断複製は、著作権法上での例外を除き
禁じられています。また、本書を代行業者等の第三者に依頼してコピー、スキャン、
デジタル化することは、たとえ個人や家庭内での利用であっても著作権法違反です。
落丁本・乱丁本はお取替えいたします。